I0566867

DISCLAIMER

The author and publisher are providing this book and its contents on an "as is" basis and make no representations or warranties of any kind with respect to this book or its contents. The author and publisher disclaim all such representations and warranties, including but not limited to warranties of merchantability. In addition, the author and publisher do not represent or warrant that the information accessible via this book is accurate, complete, or current.

Except as specifically stated in this book, neither the author nor publisher, nor any authors, contributors, or other representatives will be liable for damages arising out of or in connection with the use of this book. This is a comprehensive limitation of liability that applies to all damages of any kind, including (without limitation) compensatory; direct, indirect, or consequential damages; loss of data, income, or profit; loss of or damage to property; and claims of third parties.

This Book Offers Free Bonus Puzzles

Available Here:

BestActivityBooks.com/WSBONUS20

5 TIPS TO START!

1) HOW TO SOLVE

The Puzzles are in a Classic Format:

- Words are hidden without breaks (no spaces, dashes, ...)
- Orientation: Forward & Backward, Up & Down or in Diagonal (can be in both directions)
- Words can overlap or cross each other

2) LEVEL UP THE GAME!

A space is provided next to each word to write new ones, translations or notes. We also offer a convenient **NOTEBOOK** at the end of this edition. It can help you organize your annotations, new words and/or observations.

3) TAG YOUR WORDS

Have you tried using a tag system? For example, you could mark the words which have been difficult to find with a cross, the ones you loved with a star, new words with a triangle, rare words with a diamond and so on...

4) EASY TO CUT!

The Puzzles come with an Extra Large margin to easily cut the page out of the book. Some people may feel it more convenient to solve them this way.

5) FINISHED?

Go to the bonus section: **MONSTER CHALLENGE** to find a free game offered at the end of this edition!

Want **more fun** and activities to **relax? It's Fast and Simple!** An entire Game Book Collection **just one click away!**

Find your next challenge at:

BestActivityBooks.com/MyNextWordSearch

Ready, Set... Go!

Did you know there are around 7,000 different languages in the world? Words are precious.

We love languages and have been working hard to make the highest quality books for you. Our ingredients?

One part easy-to-read print, three parts entertainment, then we add some challenging words and a pinch of rare ones. We brew them with care to serve you lots of fun and an opportunity to solve the best puzzles.

Your feedback is essential. You can be an active participant in the success of this book by leaving us a review. Tell us what you liked most in this edition!

Here is a short link which will take you to your Amazon orders review page.

BestBooksActivity.com/Review50

Thanks for your fidelity and enjoy the Game!

Delta Classics Team

Puzzle 1

Б	Е	И	Д	О	М	А	Ш	Н	И	Е	П	Т	И	Р
Т	Р	Д	Т	Е	Н	О	А	У	У	Е	Я	Л	И	М
С	Е	А	Ь	У	Р	И	А	И	И	З	П	Р	А	Т
Р	Р	К	Т	М	М	Е	О	Т	С	И	Ч	В	К	Н
А	Ю	А	И	А	С	П	Б	И	С	Н	М	Ы	Т	Е
З	У	Л	С	Р	И	У	М	Е	Е	В	Т	П	Ы	Е
У	Л	Б	А	Е	Т	У	Т	Р	Н	И	Л	Е	П	Я
Т	С	О	Л	Ь	С	Ю	У	Н	О	К	А	Ч	О	Л
Ш	О	У	Г	Р	Ы	Ь	Д	Н	У	И	У	К	П	Т
М	Р	К	И	А	Р	Т	Я	Н	Е	С	Б	А	П	П
О	З	С	Р	К	А	С	Л	Е	Д	У	Ю	Щ	И	Й
С	В	А	П	С	Е	А	Г	И	Л	Ф	И	И	С	М
Е	Р	Р	Е	Н	А	Ч	З	И	Е	Т	С	Р	О	П
С	О	К	Т	В	С	С	В	Т	Т	Т	У	С	А	С

ВЫПЕЧКА

СЧАСТЬЮ

МИЛЯ

КАРЬЕРА

КРАСКУ

ДОМАШНИЕ

ПРИГЛАСИТЬ

БРАТА

ПОПЫТКА

ОБЛАКА

ПЛАН

ВЗРОСЛУЮ

РЕБЕНКУ

ВЗГЛЯД

ШОУ

СЛЕДУЮЩИЙ

ВНИЗ

СЫРА

ЧИСТОЕ

СРАЗУ

Puzzle 2

```
К Р Ь Т И В О Н А Т С У Б С Д
О Т Л У О Т М О Т Е Ч С О Е О
Н М О Ф К Ч Т И У М С О К И Ж
К Ф Р Е З Е Н Т Г П С О С Е Д
У М О С И Е П А Р Р С Ю У М Л
Р И К Е Л И Ц Р Я Ф А И М И И
Е А И С Б С О И Ы Т Л Ц А Т В
Н Ж Е Л Е З Ы Р О С К А И И Ы
Ц М О М Е Н Т Е П Р Ь К И Я Й
И Ц Е Н Н О С Т И У О И Ц И Т
Я П О Ж А Р Н О Г О О Л С Ц О
П Р О Г У Л К А Д Е М Б И Е Е
Л А М П А Е О М И Ф П У Л С О
К О Р И Ч Н Е В Ы Й О П Д А У
```

КОРИЧНЕВЫЙ	ДОЖДЛИВЫЙ
МИГРАЦИЯ	СЧЕТОМ
ЛАМПА	БОКСУ
ЦЕННОСТИ	ТОЧНАЯ
ПРОГУЛКА	ПОЖАРНОГО
РЫСЬ	ЖЕЛЕЗЫ
КОРОЛЬ	УСТАНОВИТЬ
КОНКУРЕНЦИЯ	БЛИЗКО
МОМЕНТ	КЛАСС
ФУТ	ПУБЛИКАЦИЮ

Puzzle 3

```
Н А В Ы К О В Г Е Е М Л И И К
Л А М П Х И И Н Л Е А Ф Н П У
С Я И О С О С Е Л Н Т Е В Р П
Л И Г Т Е Р Д З Т Т Ь Р Е Е И
У Ц У У О Я С Д О А Т Д С Д Д
Ж И И Е Ш А Е О Е О С У Т Ы О
И Д П Р Т К И Л Ф Н О К И Д Н
Т Е У Ц И З А Ц И Л К У Ц У А
Ь П Ф Е В У Е Т П Л Д Т И Щ С
Л С О Ш И Б К У Е И И Д И И Т
Л К И М Е Ю Щ И Е Ч Ж Е У Й Р
Р Э О С Т А Е Т С Я О И Т И И
Е А И Е Р У Ч К И С Ц П В О Е
И М Н Л О Б О Л О Ч К И М С И
```

ИМЕЮЩИЕ	ОСТАЕТСЯ
УЗКАЯ	ХОД
ГНЕЗДО	ИНВЕСТИЦИИ
НАВЫКОВ	ЛИЦА
КУПИДОНА	ОБОЛОЧКИ
РУЧКИ	ОШИБКУ
ЛЯГУШКА	КОНФЛИКТ
ПРЕДЫДУЩИЙ	ПОЧЕТА
ЛЕС	ЖИДКОСТЬ
СЛУЖИТЬ	ЭКСПЕДИЦИЯ

Puzzle 4

У	И	Е	А	В	Р	Д	М	О	С	Г	П	В	Е	В
В	Е	Р	Х	О	М	П	О	У	О	Е	Л	Е	С	И
О	С	Е	Н	Ь	Р	В	О	Е	Б	А	Е	А	Р	Н
С	Е	Ь	Н	Е	Б	Е	Р	Г	И	Е	Е	Т	З	О
Б	С	Т	Е	Е	Р	У	М	Т	Р	Т	Е	М	М	А
О	К	И	Н	Т	О	Б	А	Р	А	Н	Г	С	Н	У
Р	А	Р	Е	Н	Д	А	Р	О	Е	С	У	Е	У	С
К	Е	А	Р	Я	С	Ь	Т	И	Т	О	Б	А	З	П
И	М	В	Р	О	Ь	Т	И	Н	С	Я	Ъ	Б	О	О
З	О	О	П	А	Р	К	У	У	Я	П	А	У	Т	Ф
П	О	В	О	З	К	А	Л	И	С	Т	Ь	Е	В	И
Р	Е	Г	У	Л	И	Р	О	В	А	Н	И	Е	И	Ц
Е	О	А	Ф	О	И	У	Б	О	Л	Е	З	Н	Ь	Е
А	Е	Р	Н	П	О	Ш	Е	Л	В	Т	Т	И	Д	Р

ГЛАЗА
РАБОТНИК
ПОШЕЛ
ОСЕНЬ
ПОВОЗКА
РЕГУЛИРОВАНИЕ
ВАРИТЬ
СБОРКИ
ЗАБОТИТЬСЯ
АРЕНДА

СОБИРАЕТСЯ
СУП
ЛИСТЬЕВ
ВИНО
БОЛЕЗНЬ
ВЕРХОМ
ЗООПАРК
ГРЕБЕНЬ
ОФИЦЕР
ОБЪЯСНИТЬ

Puzzle 5

```
П Н П И Л Н Т В И У Я Е И К У
Е Р Е У Л И О М О Ф А О И О В
О Р О Ж Н О Н А П Л Ч В М Н А
Т А Н И Н Г С И О А О Т Т Ф Ж
Ь Е У Р З О А А С Р Б С Е Е Е
Н Р У Н А В П И О Е А Е Ы Р Н
Е Р У И И Р О И В С Р Щ Р Е И
Р П И М Б М З Д А Т Р Б Т Н Я
А Е Р А О Л Е Д С А П О С Ц И
П Р И Н Е С Б Е Е Т Д О Ы И Е
К О Л И Ч Е С Т В О В С Б И П
С В Е Р К А Ю Т И Е Т О А С О
В Е Щ И О Т М Е Т К У Т О Л Н
П Р О Д Л И Т Ь П Р И М Е Р И
```

БЫСТРЫЕ	ПРОИЗВОДСТВО
ВОЛОСЫ	ВЕЩИ
ПАРЕНЬ	ПОНИ
СООБЩЕСТВО	ПРОДЛИТЬ
КОЛИЧЕСТВО	ОТМЕТКУ
ПРИМЕР	НЕЖНО
АРЕСТА	БЕЗОПАСНО
ПРИНЕС	УВАЖЕНИЯ
СОВА	КОНФЕРЕНЦИИ
РАБОЧАЯ	СВЕРКАЮТ

Puzzle 6

```
Н  П  М  С  И  О  У  Н  С  У  У  И  У  Е  К
Т  О  О  Б  А  С  К  Е  Т  Б  О  Л  Д  И  Р
Т  У  Ж  Л  Д  О  Л  Ж  Е  Н  Е  Е  Ж  А  У
М  Н  Е  Н  Д  Я  Ф  И  Е  Ц  Д  Р  Е  С  Ж
У  М  Е  П  И  Е  Е  О  И  У  Н  Н  М  И  К
С  Ы  Ф  Е  М  Ц  Н  И  Н  О  Д  Е  С  М  У
К  В  Ы  Д  Р  Ы  Ь  Е  Д  Х  О  Т  Е  Л
А  И  Д  П  Т  И  В  С  Ш  О  О  Б  У  Н  Ц
Т  Л  Т  П  С  Ф  Т  И  А  Ж  Е  Ю  Ч  О  А
Н  Т  П  С  С  П  Е  П  Л  С  Т  Л  Е  Р  С
Ы  С  М  Е  И  У  Т  А  Г  У  Р  Д  Н  О  М
Е  А  Ц  О  Р  П  Ц  З  И  Т  У  О  Ы  Т  Н
Е  Ч  У  С  И  С  Г  У  Р  К  О  В  Е  С  Р
И  С  У  Т  Л  Р  Е  Е  П  У  У  О  И  Е  А
```

СЧАСТЛИВЫМ	ДРУГ
МУСКАТНЫЕ	ЗАПИСЬ
НОЖНИЦ	ЛЮБОЕ
СЕРДЦЕ	СТОРОНЕ
УЧЕНЫЕ	ВОКРУГ
ВЫДРЫ	ПРИГЛАШЕНИЕ
ЕЖА	ХОТЕЛ
МЕЖДУ	ДОЛЖЕН
ПОЛДЕНЬ	КРУЖКУ
БАСКЕТБОЛ	ФОНД

Puzzle 7

```
Я  М  Т  У  Ф  Е  Д  С  Е  О  Л  Р  Н  Л  Е
С  А  У  М  И  Л  Е  О  П  Т  И  Т  С  Ю  Н
Т  Е  Д  У  Й  И  Л  А  П  Е  А  И  И  Б  С
Е  Р  Е  И  О  О  Е  Ч  Е  Т  К  И  Е  О  Р
А  Р  У  Л  Я  И  Н  Е  Т  С  А  Р  У  Й  С
Д  А  Р  Б  Р  И  И  В  Б  А  Р  А  Б  А  Н
Ж  К  У  Т  К  У  Е  Р  О  Д  О  Л  Ж  Н  А
О  С  М  Е  С  А  Н  Е  И  Н  Е  Ч  У  Б  О
Р  О  Т  К  Р  Ы  Т  И  Я  М  С  Е  Ф  Т  П
П  Д  Й  Ы  В  О  З  А  Р  О  Г  О  Н  М  Т
В  Н  У  Т  Р  Е  Н  Н  И  Й  Е  О  Д  О  Л
Д  Р  У  Ж  Е  Л  Ю  Б  Н  Ы  Й  Т  Р  Д  Е
М  В  Е  Т  В  Ь  Ж  Е  Л  А  Н  И  Е  Я  Е
З  А  Т  В  О  Р  Ы  М  О  Д  Е  Л  Ь  Р  О
```

ВНУТРЕННИЙ
ДЕЛЕНИЕ
МОДЕЛЬ
ЖЕЛАНИЕ
МНОГОРАЗОВЫЙ
РОЖДАЕТСЯ
ОТКРЫТИЯ
ДРУЖЕЛЮБНЫЙ
ОБУЧЕНИЕ
ВЕТВЬ

ЛЮБОЙ
РЯДОМ
ДОЛЖНА
ДОСКА
ЗАТВОРЫ
ЧЕТКИЕ
РАСТЕНИЯ
ТРУБКА
ОСНОВНОЙ
БАРАБАН

Puzzle 8

```
Б  Я  С  Л  У  Н  Р  Е  Д  А  С  Н  Д  И  Т
Р  Е  Р  А  И  У  А  М  Р  И  Ф  С  С  Д  О
М  В  П  У  С  О  Л  И  В  А  Р  П  О  Е  Р
О  У  Е  Н  П  О  У  Д  М  Р  О  Т  И  Н  Г
С  Г  Д  Р  Е  И  И  М  В  Е  Е  Е  С  Т  О
Н  Б  Л  Р  Ю  У  Е  Е  И  Ы  Н  А  Р  И  В
О  У  Е  Й  О  К  А  Т  Л  Н  С  Е  П  Ч  Л
В  Д  Б  С  У  С  Е  И  К  Ь  У  О  Е  Н  Я
Н  У  Е  Т  Р  И  Т  А  А  Л  Г  И  Н  Ы  И
У  Щ  Д  А  Ц  И  Н  Ь  Л  Е  М  Н  Т  Й  И
Ю  Е  И  Л  Е  Т  С  О  П  Д  Л  Н  М  А  Е
Т  Е  Н  С  А  И  О  Ц  Е  Т  А  И  Ф  М  И
А  Е  Ы  С  П  И  Л  К  Г  О  Р  О  С  О  Н
А  И  Й  Ы  Н  Е  Л  Е  З  И  Р  И  Е  Ф  С
```

КЛИПСЫ	НОСОРОГ
ПРАВИЛО	МЕЛЬНИЦА
ОТДЕЛЬНЫЕ	МУДРОСТЬ
ИГЛА	ВИЛКА
ПОСТЕЛИ	ОСНОВНУЮ
ЛЕБЕДИНЫЙ	ДЕРНУЛСЯ
ТОРГОВЛЯ	БУДУЩЕЕ
ВЕРЮ	ИДЕНТИЧНЫЙ
НАИМЕНЕЕ	ЗЕЛЕНЫЙ
ФИРМА	ТАКОЙ

Puzzle 9

```
Т И Х О Й Д О И Е Т Е С Т Д М
С О Н Я Ь П Е Т Р О Ф Т К О И
Д В А Ж Д Ы О Б Е Р Е А Р С Р
А И М Г И Е А Д А А А Н А Т Д
М А Л Ь Ч И К Е К Т Е Д С И У
Н П И Е И Н И Й Ж И Ы А И Г Е
Н У А Д А А М С О Д Н Р В А Р
В Р Ж У Е Д О Т Л О И Т А Ю О
Т С Е Д К А Н В П Х Н Н Я Т Е
В С И М Ы Р О И Т Д В Ы Т Ф М
С Ц Е Н А Т К Я И О А Х П И Р
Е И И И Р С Э И У П Р Ф И С Е
И Р У Е О О Н А П О Л Н Я Т Ь
Э Л Ь Ф А С У Р В Т О Р Н И К
```

ДОСТИГАЮТ
ДЕБАТЫ
СОСТРАДАНИЕ
РАВНИНЫ
ЭЛЬФА
НАПОЛНЯТЬ
ЛОЖКА
ПОДХОДИТ
ПАУК
ФОРТЕПЬЯНО

СТАНДАРТНЫХ
МАЛЬЧИК
КРАСИВАЯ
СЦЕНА
ТИХОЙ
ЭКОНОМИКА
ДЕЙСТВИЯ
ВТОРНИК
ДВАЖДЫ
НУЖДЫ

Puzzle 10

```
О О И И Т З Н А П Р И Е И Р И
Г Т Е Ь Л Е Т Л П Е А О Е М Н
О Е Л О А М К И И Т Е У Ц Л Н
Н О И О О Л А Д Н А М О К К У
Р У Т У Ж И Н П О У У С У У П
О Л Т У И И Ь П О Р Е Й Е Х О
С А А А К И Т К А Р П У Р Н В
Н Е П С О Т Н Ь В Т Н У Т Я Т
Е Р О С О Б Е Д Е Н Н А Я О О
С А Р М Ш В Е Д А К А П Л Я Р
З А К Л И Н А Н И Е С К Т С И
Ч И С Т Ы Й О Н С Е В М Ч М Т
М А А А Д Н А С М Е Ш К А О Ь
Ц И Р К У Л И Р О В А Т Ь С Т
```

ТКАНЬ	РОС
ОБЕДЕННАЯ	КОМАНДА
ШВЕДА	ЧИСТЫЙ
КАПЛЯ	ПОРЕЙ
ЗЕМЛИ	ЗАКЛИНАНИЕ
НАСМЕШКА	ПОВТОРИТЬ
ВЕСНОЙ	КУХНЯ
СЕНСОРНОГО	ПРАКТИКА
ТОЧКА	ЛЬЕТ
ОТЛОЖИТЬ	ЦИРКУЛИРОВАТЬ

Puzzle 11

```
В Р Р П Л П А С В Е Р И П Я Т
И Е П Р Т Ю Т Л Й Ы В И Р Г И
Р Б Р И К Р Б Р О И И И Т Р Т
Т Е А З О Л О Я У С Д С Р Е С
У Н В Н Н А М П В Т Ы Р Р С Р
А К О А Ц Р О У И С Г Е И Т Е
Л А П Т Е Е Е У Л Ч Е В М О Ш
Ь К И Ь Н У Е А Р Р Е И Л Р Т
Н У С И Т П Щ Е В Е А С Т А Е
У Р А Т Р Р Е М М Т С Л К Н У
Ю Т Н О А О П У Л Г О П С И И
Е К И Е Т Е Н Р А К О Р Т С Й
У А Я М Т К В И Ш Н Е В Ы Й И
И Т О М Л Т У Ж А С Н О Й Е И
```

ВИРТУАЛЬНУЮ	ПРИЗНАТЬ
СТРОКА	ВИШНЕВЫЙ
АВТОР	КУРТКА
ИГРИВЫЙ	ГЛУПО
РЕСТОРАН	ПРОЕКТ
УЖАСНОЙ	ТРОПИЧЕСКИЙ
ЕЩЕ	ШЕРСТИ
КОНЦЕНТРАТ	ВЕРСИИ
РЕБЕНКА	ЛЮБЯ
ВИДЫ	ПРАВОПИСАНИЯ

Puzzle 12

```
З Н А Ч И Т К П Р И Р О Д А П
Т Е М Н Ы М С О А Е Т И Ч П Р
Т Т У Т Р Й И К Т А Ш Л Е О А
Д У М А Ю Щ А Я П О П И Р П В
Н А Д Л Е Ж А Щ Е Е Р Щ В О О
Ц У Т И С П А Т Е С У А Ь Я П
З Т У Б Я А Н Н О С А Т Я В Р
Я А Е Ю О Р Р О Л А А Ы А Л Е
М С Л Л М У Т О Ч Н О В Н Я Е
А У Т Е Л С Р Н П И Е С Ь Е М
Л Р Е Р И С Е И Ч Д О Л Т Н
И О У Е Е О Ц С О И С П Ы С И
У Р Н М Т Б С У Г Р Е И П Я К
М Е Д В Е Д Ь Т И П У Н С П А
```

ВЫТАЩИЛИ
ПРАВОПРЕЕМНИКА
ШАТКИЙ
СОННАЯ
ПЫЛЬНАЯ
ТОЧНО
ПРИРОДА
КОТОРАЯ
ПРИЧИНА
ЛЮБИЛ

ЧЕРВЬ
ПАРУС
ЗАЛЕ
НАДЛЕЖАЩЕЕ
ЯСТРЕБ
ПОЯВЛЯЕТСЯ
ДУМАЮЩАЯ
МЕДВЕДЬ
ЗНАЧИТ
ТЕМНЫМ

Puzzle 13

```
И У Ч А Д А З Н Е Г Т С О К П
У Х А Р Е Т П Н Л С Р И И О Л
Е Е Я И Н Е Ж О Л Д Е Р П П И
Ц Ж М М Ь Д Р О П Р Д О Т Ы Т
И У Е Е Г И И И Р О Р Т Е Т Ы
М А У Г И Е Е Н С П Э Р Т О Т
Е А К Т О М Е Р Е П С Т М Е Е
У М А У Р Д С Т Р А Н А О Н С
В Р Е И В О Н Е Л Ч О П О М Р
П О Ч В А И Е А Т С У П А К У
А И И Ц Е О Р Д Я З А Р Я Д А
Е Р Р Р И С О О Е Ф Е Р М Ы Р
С О Д Е Р Ж И Т С У С И М Е С
Е Р Р Е М И Е С В Ы С О Л Т О
```

ЕЖЕГОДНАЯ	ФЕРМЫ
РОСЫ	КОПЫТО
МИРА	УМА
ПЕРЕМОТКА	УХА
КАПУСТА	ЧЛЕНОВ
ПОЧВА	ПОЭТОМУ
СОДЕРЖИТ	ЗАДАЧУ
ИДЕТ	ЗАРЯДА
ПЛИТЫ	СТРАНА
ДЕНЬГИ	ПРЕДЛОЖЕНИЯ

Puzzle 14

```
Т У П В С И И О У Е Р З И П В
Е Н И О Л А И М В А Е А С П И
У Л Е Н Л А Е Н Н Е З С П В Т
Е О П С Р У Ж Е С Е И Е О Р А
М Е М А Е М Ч Н С А Д Д Л П М
Н Т У П Р У Т А Ы Т Е А Ь Р И
В И Т О Р П А Н Л Е Н Н З И Н
А Т О М Н Ы М И У И Т И О В Ы
Д Р А Г О Ц Е Н Н Ы Й Я В О Н
Ф У Ь Т И Ж У Р А Н Б О А Д Е
М С Е С П О Д А Р О К О Л У Д
И Н Е Т Е Т Я К Л Е В А Т Ь Е
С П О Р Т М М О Р Щ И Н К У Л
О И М Е И Е С И И М Е Е М И Я
```

МАТЧ	ПОЛУЧАЛИ
ПОДАРОК	ИСПОЛЬЗОВАЛ
ПРИВОДУ	ОБНАРУЖИТЬ
НЕДЕЛЯ	СПОРТ
СМЕСЬ	ТЕТЯ
АТОМНЫМИ	МОРЩИНКУ
КЛЕВАТЬ	РЕЗИДЕНТ
ВИТАМИНЫ	ЗАСЕДАНИЯ
НАПРОТИВ	ОПАСНО
ВЛАЖНЫЕ	ДРАГОЦЕННЫЙ

Puzzle 15

```
О Р У С И А К К У Р А Т Н О Т
П Й И Н Н Е Р Т У А Е М Е Т Е
П О Т У Й Ж Р П И С О М Ь И Х
О Л С И Ы Т Е Е В Л А С Т Ь Н
Д В О Л Л С С Л С А Р Н А Т О
Д Ч М Ы Е А О Я У У Т У К И Л
Е Е И Б Б Д Е И Ф Д Р П Е Л О
Р Р С И Н Н Н Г А М И С Л А Г
Ж А И Р У С О Е А Н Л З В Д И
И Е В П Я У А Т Е Е О Д З У И
В Р А С Т Е Н А Д Н Ш Е А У Г
А О З С Е У И Р В И А С Р Я И
Т Р Е Л О Л Ф Т М Е Д Ь Н Е Н
Ь П Н С Т Р У С С Н Ь О Т Т К
```

СТРАТЕГИЯ	ЗДЕСЬ
ПОСЛЕДНЕЕ	БЕЛЫЙ
ВЛАСТЬ	УДАЛИТЬ
РЕСУРС	АККУРАТНО
ПОДДЕРЖИВАТЬ	ПРИБЫЛИ
НЕЗАВИСИМОСТИ	КНИГИ
ВЧЕРА	УТРЕННИЙ
ЖЕЛУДИ	ЛОШАДЬ
МНЕНИЕ	СТЕНА
ТЕХНОЛОГИИ	РАЗВЛЕКАТЬ

Puzzle 16

```
Е У Ф Х Й У П И П В И И И Н И
Е Ц Я Ы О М Р Т С С А С М Е Е
А У Н Н К Й Е С И Д Е Т Ь Б Т
Ж М И В С Ы Б И А Н А Е С О Е
Д И З А Й Н Ы Н Н С К Т К Л Н
Е Е О Р Е Н В З О Е О Р О Ь Ь
Л У Т С Ц Е А И М И Д С Р Ш В
Л О У Е И Ч Н Ж И Е Е Е О О О
О П В Н Л О И С Л П Р Е С Й Р
К Р А М О Б Е М Н И П Р И О К
Ц В Е Т П А О Б Ъ Я В И Т Ь П
Р Т А Е М З А Н Н Т Н Ф Е Ц А
Т Л К И Ц О Т О М И Е С И Р С
К А Т А С Т Р О Ф А И О Н С Н
```

ДИЗАЙН	ЖИЗНИ
ОЗАБОЧЕННЫЙ	ПОЛИЦЕЙСКОЙ
КАТАСТРОФА	КОЛЛЕДЖ
ПРЕБЫВАНИЕ	СТУЛ
НЕБОЛЬШОЙ	ЦВЕТ
ПОСЕДЕНИЕМ	РАВНЫХ
ОБЪЯВИТЬ	ТЕНЬ
КРОВЬ	МОТОЦИКЛ
СИДЕТЬ	ПРЕДОК
СКОРО	ЛИМОН

Puzzle 17

```
И Д Л Т Н П И Р Р К Р У Ч К А
Е Т Р У Е Р Р Ь Т С О Л О П В
М С А Л В Е А Т А К У Л Г Р А
О А У Т И К Е Е Е И Н И Ь С Р
Т Р Л И Д Р И М И Е П Ч Н Ц П
П А И О И А Т И Н Е Е У И Т О
Р С И И М Т И М А Л С А Т И М
А П Н С Ы И Б Б О Х Т Н И Е О
В Л А В М Т Н А Д Е Ж Д Ы Е Л
Л А Я С О Ь Ч Е Л В И Р П С О
Е В Б О Й П Ж И В Ы Е В Е П Ч
Н И Е Н В И Р О Д Н А Ж Д Ы Н
О Т Л И С П Л О И О О У М Е Ы
С Ь С И М Н Й Е С С А Б У Ц Й
```

МАЛО	РУЧКА
МОЛОЧНЫЙ	НАУЧИЛ
ЖИВЫЕ	РАСПЛАВИТЬ
АТАКУ	ХОББИ
НЕВИДИМЫМ	НАДЕЖДЫ
ПРИВЛЕЧЬ	ВОПРОС
ПОЛОСТЬ	ПРАВА
БОЙ	ОДНАЖДЫ
ПРЕКРАТИТЬ	ОТПРАВЛЕНО
КОЛЬЦО	БАССЕЙН

Puzzle 18

```
О В У Е С Ц Н Е З Т О Т Е К П
Ц С Ы С А Е Т Р А Б М А П О Р
И Р Т С Т Н Е У Г Т Т Г И Г О
Н С С А О А У У А И Й Т У Д В
Т О О Н Т К Т Ц Д Л Г А К А О
Е Е К А А О И Ф К А У Н С Н Д
Р У А Н И О К Й И Р А И О И А
В С Р А С О Л И Е О Е П Л Б К
Ь С В И Н Ь Я О Т К Е Ш О У Е
Ю П Р О Ц Е Д У Р Ы Р С П Д Р
Р Е Д А К Т И Р О В А Т Ь Ь С
К А М П А Н И Я О Е Ф М И А С
Е С И Д Р С Г Д И Т Л Е И Е П
Р В Л Я А О Р С Е Е Я Н Р М Н
```

СВИНЬЯ	РОК
РЕДАКТИРОВАТЬ	СОЛИ
АНАНАС	СОКА
ШПИНАТ	ЗАГАДКИ
ПОЛОСКУ	ПРОВОДА
АМБАР	САЙТА
ОСТАТОК	КАМПАНИЯ
КОГДА-НИБУДЬ	ЦЕНА
ПРОЦЕДУРЫ	РЕКА
ИНТЕРВЬЮ	ВЫСОКИЙ

Puzzle 19

```
С К А Р Т И Н К А Р М С П Б У
В Л В С Т Р Я С К И О С Ч Е Д
Т Ю А Г А Л О П Д Е Р П Е С И
У Р О Й О И А Н Е Т Е А Л С В
Д Т И Р Д Т Л Р Д И Т О И М Л
У В И Д Е Н И Е Н О С В Н Ы Е
Б О Р А Н Ж Е В О Е А Ц Ы С Н
П К А Н Т П И З О Е М Ы Х Л Н
Е П Р М Е Н Т О Н К О Л Б Е Ы
Р Е Т О Й Ы В И С А Р К Р Н Й
Е Р П Ц Л И Р У М М Н И О Н И
П В Е Е С И Л Е Д И В И П Ы У
Е Ы И О У Е К М А П Е Д Е Х Р
Л Х Р И С Т И А У Т Т О Р У И
```

ВИДЕЛИ	БЕССМЫСЛЕННЫХ
ЗНАНИЕ	СЛАЙД
ВИДЕНИЕ	КАРТИНКА
ВСТРЯСКИ	ПЕРЕПЕЛ
ДЕД	ОРАНЖЕВОЕ
ПРЕДПОЛАГАЮТ	ПЧЕЛИНЫХ
МАСТЕРОМ	БЛОКНОТ
КРОЛИКА	ОВЦЫ
КРАСИВЫЙ	ПЕРВЫХ
УДИВЛЕННЫЙ	БУДУТ

Puzzle 20

```
Р Ц Е А И Н Б Т О И Т У И О С
У Е Ф М Е И И У П Т О Е Ф Б Л
В П М О Т Ы Т Р У Т У Л Ц А С
Е Г П О П В О А С Е Л У Л Н Д
Л Р П Р Н О Й Ь Т А М Й О П А
И В О Л У Т Б Л О К А Ф   О Н
Ч Д О К Т О Р И Ш Г Р Н Г Н
Е Т С О Е Г Т С Е У Д Е И У О
Н И Р Н В Г Ь М Н Р А З З И Й
И О М Ы С О Т Л Н Т Л И К Д Е
Е Н О Р М А Т Ь Ы Е Е Ю И У Т
У Р А Г А Н А Т Й П К И Й Т С
П И Н Т Е Р Е С Н О О У Р Т И
У Л И Ч Н Ы Й Т Н Т О О В Т К
```

МАТЬ	РЕМОНТ
ГОТОВЫ	ПЫЛЬ
КИСТЕЙ	БИТОЙ
НИЗКИЙ	ОПУСТОШЕННЫЙ
СВЕТ	РЫНОК
ФРЕЗИЮ	ПОЙМАТЬ
УРАГАНА	ДАЛЕКО
ИНТЕРЕСНО	ДАННОЙ
УЛИЧНЫЙ	ДОКТОР
ПЕТРУШКА	УВЕЛИЧЕНИЕ

Puzzle 21

Я	Р	Б	Е	С	К	У	Л	Ь	Т	У	Р	Н	Ы	Й
С	П	В	Т	Т	П	О	Л	И	Т	И	К	И	Д	С
Ь	Т	С	Е	Ш	А	П	О	Н	Я	Л	А	В	В	О
Т	Л	М	И	Ь	А	Й	Ф	Т	Е	М	У	А	И	Р
А	Н	Е	Р	С	Р	И	Н	У	И	Л	И	Н	Г	Т
В	Р	Ц	У	О	О	А	Н	А	Н	Е	А	Н	А	И
Е	Ы	Н	Ь	Л	А	Р	Т	А	Е	Т	Л	А	Т	Р
Д	З	М	П	Я	У	П	М	С	Щ	Ф	Р	Ц	Е	О
З	А	У	С	О	Н	Т	О	Р	Б	Г	С	У	Л	В
И	Ш	З	Р	Т	С	П	У	И	О	А	Р	Т	Е	А
С	И	Ы	Е	С	В	Р	О	У	О	Р	Е	А	М	Т
И	Т	К	П	О	А	Т	Е	А	С	Л	А	Е	Д	Ь
Е	Ь	А	И	С	К	О	Л	Е	С	О	Е	Е	М	А
Д	А	В	Л	Е	Н	И	Е	С	О	Ж	Ж	Е	Н	Ы

ПОНЯЛА
СОРТИРОВАТЬ
ИЗДЕВАТЬСЯ
ИЛИ
ВАННА
ЗАШИТЬ
ДАВЛЕНИЕ
КУЛЬТУРНЫЙ
СОСТОЯЛОСЬ
ШЕСТЬ

КОЛЕСО
СООБЩЕНИЕ
ТЕАТРАЛЬНЫЕ
ГРАДА
ПОЛИТИКИ
ТЕМУ
СОЖЖЕНЫ
МУЗЫКА
ТАЙНА
ДВИГАТЕЛЕМ

Puzzle 22

```
Н К О Л Ы Т У Б Е З У М Н Ы Й
И Е Р К Ы З Я О Н Л Б В Р М М
А Н И Д О Р О М С А Е Н П А Н
И А О Т С М С Т С У Д И С М У
С П М Д А Д М У Р А Н З П З М
С Т Р Т И О Л Е С О О У С И Е
Т И О О Е Н В С Р И Т Й И Р П
А Я П Я И П О Е Д Ч Ы И С П Е
М А Е Н Щ А Е К У И Е О У Р М
У В И С Т И У У О Е У С Л Ю Р
Т А С Т И А Й Т Е Е Т И К С Р
П Р О И З В О Д С Т В А Ц И С
У П Р О Ж Д А Е М О С Т И Е Й
П О Л И Т И К А М О Т Ы Л Е К
```

КОММЕРЧЕСКИЙ	ОДИНОКОЕ
БЕДНОТЫ	ПРОИЗВОДСТВА
МАМЫ	МОТЫЛЕК
ВНИЗУ	СТОЯЩИЙ
СМОРОДИНА	СЮРПРИЗ
ОСЕЛ	БЕЗУМНЫЙ
ПРАВАЯ	БУТЫЛОК
ДВА	ПОЛИТИКА
ПАН	РОЖДАЕМОСТИ
ПРИЙТИ	ЯЗЫК

Puzzle 23

```
П Ф Д О Д И Н О Ч К У П У Н Р
Т Е Н Е У Т Е М Р О Ь И И С М
С Е Т И Д О Г О Л А Т С У У И
С К Н Ы С У Т Й Х Р А Б Р А Я
А Р А Е А Н Ш О Д Л Ж Т У З В
Л Е И Ч В А Т К Т О Р Р Ц А С
А И Е С К О Н О А Д Е У Е Н Т
И М Е Е Т И Е С С К Д Д Р А Р
Е Е Т И С И У Ы М И Д А К В Е
О В Т С Е Щ Е В И И О И О Е Т
П Р О Г Р Е С С А И П Е В С И
П Р И Б Л И Ж А Ю Т С Я Ь Н Л
Д О К А З А Т Е Л Ь С Т В А А
Ч У В С Т В О В А Т Ь И И П А
```

ИМЕЕТ	ВСТРЕТИЛА
ЧУВСТВОВАТЬ	ПРИБЛИЖАЮТСЯ
ТРУДА	ТЕНЕВОЕ
ХРАБРАЯ	ЦЕРКОВЬ
ОДИНОЧКУ	СКАЧКИ
ЗАНАВЕС	ВЕЩЕСТВО
ЛОДКИ	ПРОГРЕССА
ДЕДУШКА	ВЫСОКОЙ
СЫН	УСТАЛОГО
ДОКАЗАТЕЛЬСТВА	ПОДДЕРЖАТЬ

Puzzle 24

П	Р	Е	Д	П	О	Л	А	Г	А	Е	М	Ы	Й	С
О	Д	И	Н	Н	А	Д	Ц	А	Т	Ь	Е	Д	А	М
М	Г	Л	О	С	С	А	Р	И	Й	И	Ь	Е	Т	Г
У	А	Б	Л	А	Г	О	Д	А	Р	Я	Т	Ф	Е	М
М	Н	О	Г	О	К	Р	А	Т	Н	О	А	Б	О	И
П	Т	А	К	Ж	Е	И	О	И	И	Р	Г	А	Й	Т
С	О	П	О	И	С	О	К	Р	А	Щ	Е	Н	И	Е
А	Е	Р	Т	О	Н	М	И	Е	Р	Т	Б	И	К	В
С	У	П	Ы	Л	Л	Ч	О	С	В	Н	З	Р	С	К
И	А	С	С	В	С	П	О	Р	У	О	И	И	Е	Л
В	Е	С	Е	Л	О	Г	О	Т	К	О	И	Ш	Ж	Ю
Р	А	С	Ш	И	Р	И	Т	Ь	С	О	Н	И	А	Ч
А	Р	А	Н	Ж	И	Р	У	Е	Т	И	В	О	Р	А
Б	Е	С	П	О	К	О	И	Т	С	Я	Н	Ь	В	Я

СОКРАЩЕНИЕ
ШИРИНА
ОДИННАДЦАТЬ
БЛАГОДАРЯ
ЕДА
ИЗБЕГАТЬ
АРАНЖИРУЕТ
ИСТОЧНИК
ГЛОССАРИЙ
ОБА

МОРКОВЬ
ВРАЖЕСКИЙ
ВКЛЮЧАЯ
ВЕСЕЛОГО
БЕСПОКОИТСЯ
ПРЕДПОЛАГАЕМЫЙ
РАСШИРИТЬ
МНОГОКРАТНО
ПОРЫВ
ТАКЖЕ

Puzzle 25

```
Т П П С С И В М Ц Д Е С И И Т
У А П Р К Р Е М Е С О П У Т Е
О М О Я А Н Р Е Ч О И Л Е У П
П Я С С С З Н Е Б Е С И Г А Л
Я Т М Т Т У Д И У А А Е П О О
Т Ь Е И А У И Н Н Й И Ш С Ы В
Ь П Я Д Л Р Т Е И К Р Е С С Ы
М Е Л Р Ь У Т Л Т К О Т О П Е
С Ц И О Н И А Е П О Р О Ш К А
Л Д С Г А А М С П А А Т Т Н У
Т Р Ь Е Я Н И А Е Е О М О Т В
У Р П Е Л У Л Н У Н Р Е А И У
Л Р Н И Е Т К О Р С Е Ь Е О И
Р Ц С Е Т О Е С П Н Н И У Р В
```

КРЕСС	СТАЛЬНАЯ
ТЕПЕРЬ	ГОРДИТСЯ
КЛИМАТ	ПОТОК
ВЫСШИЙ	ПОСМЕЯЛИСЬ
КРЕМ	ПАМЯТЬ
СЕБЕ	ПЯТЬ
ПРАЗДНИК	ТЕПЛОВЫЕ
СОН	ДОЛГО
ЦЕПЬ	НАСЕЛЕНИЕ
ПОРОШКА	ЧЕРНАЯ

Puzzle 26

```
Ф Т Р Р Е Ь Т И Ш Ь Н Е М У У
Р В И О Н Н О Е М Т У А М Р Д
А М И П Е Е У Ф С А Ц О Ф У О
Г Я Ф Д И Е Л И К Ч О Л У Б Б
М И А Т Е И Н Л И А Л Е Т Г Н
Е Н З Б Е Т Н Ь Е З Е С И Р Ы
Н А А О П О Ь М М Ы Ш И Щ Я Е
Т В Н М У С Р Е И Н Е С А З Д
И О У О Е П Т И А Т П В З Н Е
С С С Т О Л О М Я П К И У А Р
П О П Р О Б О В А Т Ь У Н Я Е
М Л М У Ж Ч И Н А У М Т С Т В
М О Ф О У Р Н П А Л Е Ц У К А
С Г С О П Е Р Н И К А Т О О А
```

ВИДЕТЬ	ФРАГМЕНТ
ГРЯЗНАЯ	МЫШИ
БУЛОЧКИ	СОПЕРНИКА
ЗАЩИТУ	ФИЛЬМ
ЗАЧАТЬ	МУЖЧИНА
СТОЛОМ	ПАЛЕЦ
ГОЛОСОВАНИЯ	УМЕНЬШИТЬ
ДЕРЕВА	ФАЗАН
УДОБНЫЕ	ТЕОРИЯ
ПОПРОБОВАТЬ	КУСКА

Puzzle 27

```
П М Р О Е И С О Р И С У Н О Л
У Е О М Н М О Т Е А Е И И С Е
В И Ч Р Н М П Р А О Д С О И С
Р Т С А М И Р Е У Д Н И С Я Т
О Т У Х Т С О Г Р Н Н А О Л Н
В А М Ы С Ь В У О Б Е Д Й Е И
С О Я Н А М О Л П И Д Е И Т Ц
П А Л Ь Т О Ж И Е С Т Ь С А И
Е О Е Л П У Д Р С Т Т И И С У
И И Т О Р Л А У К Й Е Д Н И Ж
Л У И С У Р Т Й Ц Т Л О О П И
О Р Д П Д И Ь Т И Б А Р Г И Н
Т Р О К С С С Е Ц О Р П А У Т
Р Л Р В Ы С У Ш Е Н Н О Г О О
```

ЕСТЬ	ПРОЦЕСС
ДИПЛОМ	ПРУД
УЖИН	ГРАБИТЬ
КОРТ	РАДИО
ПАЛЬТО	СОПРОВОЖДАТЬ
СОЛЬНЫХ	ОТРЕГУЛИРУЙТЕ
НАЙТИ	ПЕЧАТЬ
ИНДЕЙКУ	ЛЕСТНИЦ
РОДИТЕЛЯМ	ВЫСУШЕННОГО
ПИСАТЕЛЯ	ОБЕД

Puzzle 28

```
Е Н М Н Р Л Т Т С Е Я У И О П
Д А У Н Н Я С П У М И Х О Е О
М Е Ж Д У Н А Р О Д Н Ы М И В
Н К Т М В С Р Е Д С А Н Е Т Е
С О И Н Т Е Т Т Р Р Д Т Е Р З
Р О Т О Е П Н И У Е А О Т А Н
С И Б Г Ф У О В Г Н Р В Е Н Е
М Б Е О Л О К С И Р Т И Р С А
М У О С Т Р О В Е И С Ж М П Н
Н Е Т Ч Е Л О В Е К А Б И О Т
А М С О К Р А С И В О И Н Р Р
С И Е Я Р Р У К У А С С Ы Т И
А Р С Т Ц Н Ч Е Т В Е Р Т Ы Й
Ц Л О С И О О О Д О Л Ж И Т Ь
```

ТЕРМИНЫ	ЖИВОТНЫХ
МНОГО	МЕСЯЦ
РУКУ	МУТОРНО
ОДОЛЖИТЬ	ТРАНСПОРТ
ЧЕТВЕРТЫЙ	ПЕСНЯ
МЕЖДУНАРОДНЫМИ	ОКЕАН
ПОВЕЗ	КОНТРАСТ
ЧЕЛОВЕКА	ДРУГИЕ
СТРАДАНИЯ	СВИТЕР
ОСТРОВ	КРАСИВО

Puzzle 29

```
Д Т К И Е И И М В Л А Л Е Д С
М В Й О Т С У Г С А М Ш С А О
Р Е Е А М Г О Д Е У Е О О Д Д
А Л С Р М П О Т Г А Р К Б М Т
Н У С Е Ь С А О О Р И О С И П
Т Е О С У Т Е Н Е Ь К Л Т Н Н
Ф М Ш Б У А Т Ф И Т А А В И М
О Н Н И Л Н А И Ч Я Н Д Е С У
И Е У Ч Д А И Д А В С А Н Т А
Н У Р Я И О Ч С Д Е К М Н Р Р
Е У М С Т Н О Н У Д О И О А Б
Л Р Р Ы У С О К О С Е П С Ц У
З А С Т Е Н Ч И В О М У Т И З
С П О Р Т И В Н Ы Й Т С И Я А
```

АДМИНИСТРАЦИЯ	ДВЕРЬ
ДЕВЯТЬ	ОБЛАЧНО
СОБСТВЕННОСТИ	АРБУЗ
ГУСТОЙ	ТЫСЯЧИ
АМЕРИКАНСКОЕ	ЗАСТЕНЧИВОМУ
КОМПАНИЯ	УДАЧИ
СДЕЛАЛ	ВСЕГО
ГОД	ШОКОЛАДА
ПАРУ	ПЕСОК
СПОРТИВНЫЙ	ШОССЕ

Puzzle 30

```
К В А Т Д Ь Ч О М О П А И Т Д
М О У К У С И П А Б А К У Е Р
С З Р В Е В Р И Г Е С К В Р А
С Ы Т М Т У П И А Р Л У Е М М
С В Е Ы Л Е У У З Т У Р Р О А
Н А М Н М Е Л Р И К Н А Е М Т
Н Н И Т И Р Н Е Н И Н Т Н Е И
И А Р С Р М Е И Ф Р Ы Н Н Т Ч
Т Р Е У Р Е Т Е Е О Й О О Р Е
Е Л П Р У И Ш С У М Н Й С Н С
Н Ц А Г А Ь Т И Р О В О Г Д К
Р Ы Ч А Н И Я И Л Н Л Н В А О
Х В А Т А Ю Т А Я А Ш И Л И Й
З А Н Я Т Ы Й Д И Ц Д М Е Е У
```

УВЕРЕННО	ДРАМАТИЧЕСКОЙ
ГОВОРИТЬ	АККУРАТНОЙ
ЗАНЯТЫЙ	КОРМЛЕНИЕ
МАГАЗИН	ПЕРИМЕТР
ЛУННЫЙ	ХВАТАЮТ
УКУС	ВЫЗОВ
РЕШИЛА	ПОМОЧЬ
РЫЧАНИЯ	ЛИШАЯ
ОБЕРТКИ	ТЕРМОМЕТР
ТЕЛЕФОН	ГРУСТНЫМ

Puzzle 31

```
С  Н  С  З  П  С  Ж  Е  Л  Т  Ы  Й  А  Т  Х
У  И  Т  У  О  Ь  Ь  М  Л  С  Т  К  А  Р  О
М  К  Я  Б  Д  Ь  Т  С  О  Н  С  А  П  О  Р
А  О  Г  Ч  С  Т  И  А  Е  Д  Л  Н  Я  П  О
С  Г  Н  А  Н  И  Ч  Е  М  Р  У  Р  И  С  Ш
Ш  Д  Е  Т  Е  Ж  А  Р  С  И  Е  Е  Н  О  О
Е  А  Н  А  Ж  О  Н  О  Е  Е  И  Т  Е  Л  У
Д  Е  О  Я  Н  Л  З  У  Б  О  А  С  Ж  Е  Т
Ш  Д  К  У  И  О  А  С  У  Щ  С  А  А  В  Т
А  С  У  А  К  П  Н  Л  И  Д  Е  П  Р  О  А
Я  Ф  Т  М  И  Д  Р  Т  Е  М  У  Й  Б  И  М
Д  А  С  Т  Т  Е  Я  Л  В  О  Н  Х  О  Д  В
Т  Е  М  П  Е  Р  А  Т  У  Р  А  О  З  Е  Е
Р  Г  С  Р  М  П  Е  В  И  Л  А  Й  И  Н  Л
```

НАЗНАЧИТЬ	СТУК
ВДОХНОВЛЯЕТ	ЖЕЛТЫЙ
ХОРОШО	ПРЕДПОЛОЖИТЬ
ОБЩЕЙ	ПАСТЕРНАК
ДОМ	ИЗОБРАЖЕНИЯ
ЗУБЧАТАЯ	СУМАСШЕДШАЯ
ПОДСНЕЖНИКИ	ОПАСНОСТЬ
ЛАЙ	ЯГНЕНОК
ЛЕВ	НИКОГДА
ТЕМПЕРАТУРА	ВЕЛОСПОРТ

Puzzle 32

```
П О Р М Е И М Т О Р М П И З Р
Т И Р О В О Г Р Р Г У У С Н Р
И С П Е К Т А К Л Ь У О В А А
Ц Г П У И Р П Е А Р М Р Е Т Н
Ы И Р А В Т О Б У С О М Е Ь А
Г Г О П О Д О Б Н Ы Х Ц И Ц З
А А С Н А Ш И П П С Е Р И И А
Л Н Т Ч Р Е З В Ы Ч А Й Н О Д
О Т О С И Е Р П У Т Е Т У Г Ю
П С Й П О А Н Е Р И Т Е Л Р Л
О К У П Е У М Т А Д Л О С У Б
М А П Т И М С С Р Р А С О П Р
И Я М А Т Е Р И И А Г Е Т П Е
О Ч К И У Н О М Т О П Н П М В
```

ЧРЕЗВЫЧАЙНО	НАЗАД
ГОВОРИТ	ПАРТНЕР
АВТОБУСОМ	ПТИЦЫ
СЕРИИ	СПЕКТАКЛЬ
МАТЕРИИ	ВЕРБЛЮД
ОЧКИ	ПОДОБНЫХ
СОЛДАТ	ЗНАТЬ
ПРОСТОЙ	ГРУПП
ОГУРЕЦ	ГИГАНТСКАЯ
ШАНС	ГАЛОПОМ

Puzzle 33

```
К О Р О В У И Д М Л Е С Л М У
Е Р И Р А П О Ж М О С Т Ы У Ч
И У С И Л И Е Е О Е Т М Ж З А
С Т О Л Ь К О Н Ь О Т А Е С
О К П О Н Ч О Т А Т С О Д Е Т
Л О У И И У Ч Л Я И С И А В И
Е М Н Т В Л Е Ь И Ж Х Л Е Б Е
Б Т И В Е А Л М Д Ы В А А М О
Ц Р Е А Е Р П Е О В Т Ч Н С Е
Т Т Ю М С А А Н Г Р Е А Т Е О
П Р И К Н А П Р Я Ж Е Н Н О Е
Р Р Т Т И М Б Е С П Л А Т Н О
С Л П Л И Н Д Е К С О М Ф Т Е
П О С Т Е П Е Н Н О Р У У С Р
```

УСИЛИЕ	ДОСТАТОЧНО
КОРОВУ	ЛОСИ
ПОСТЕПЕННО	ДЖЕНТЛЬМЕН
ХЛЕБ	БЕСПЛАТНО
НАПРЯЖЕННО	СКУТЕРА
МУЗЕЕВ	ЛЫЖА
ПЛЕЧО	УЧАСТИЕ
ПИВА	БРЮКИ
ВЫЖИТЬ	ИНДЕКСОМ
ТОЛЬКО	НАЧАЛИ

Puzzle 34

```
П О М О Т П Н В И А Б П И У И
П О Й Ы Л Е М С Ы Р О Е Р Р З
У О Л П Й И К О Н И Д О Б А М
И Т Т Ь Е Ш У О Й С А Е А У Е
В А Е Т З Ч В П О В В Д Б У Н
И М М Ч Т У В О В Е П И У Д Е
Ф М С Р К Л Ю А С М Р М Ш А Н
О У А Р Г И Т Т У Т В У К Л И
Р С Т А Н Ц И Я С Т О Е А Е Е
М Я О Н Е О Е У Р Я И К Д Н И
А Ь Т А В Ы З Т О А И С Ж Н И
Т О С П Р О Б Н Ы Й Е О Е А Е
А Е У С Л И Ш К О М О Л Д Я Р
С О П С О С У Л Ь К И У О И С
```

СТАНЦИЯ	ОДИНОКИЙ
СОСУЛЬКИ	ИЗМЕНЕНИЕ
ПОЛЬЗУЮТСЯ	ПУСТОТА
ПРОБНЫЙ	БАБУШКА
ИГРА	ЛУЧШИЕ
СЛИШКОМ	ВОЙНЫ
ОТЗЫВАТЬ	ФОРМАТА
СУММА	УДАЛЕННАЯ
ВОСТОК	ОДЕЖДА
СМЕЛЫЙ	УТЕЧКИ

Puzzle 35

```
О Т Л М У И В И К З А Н У М В
З А М Е Н У Б В А М Н М Е Т С
С И Ы И Й У Л З Л О К А О Н Е
Д О Б Р О Е Е О Ь Л О Г Ч М М
И О Е И Н Т С Й К Ч Л О Т О У
Р Л Ч М Д У К Т У А О Р Е Н К
Т Е У Р О И С И Л Н Н О Р Д А
Д Н У Н Р М М П Я И К Д О И У
М О Е Т К И Е Н Т Я О С У В О
С Е Т И В Л Х У О К Й О Н Е Н
И Ф О Т Т М О Ф Р И Е С П Ч И
Н А Б Л Ю Д А Т Ь О Е Ф С О Л
Э Н Е Р Г И И У П Р Т Р Ф И А
О Г Н Е С Т О Й К О С Т Ь Э Т
```

УЧЕБЫ	ОГНЕСТОЙКОСТЬ
ДОБРОЕ	СМЕХ
ЭФФЕКТ	ВЗОЙТИ
БЛЕСК	РОДНОЙ
КИВИ	МОЛЧАНИЯ
НАБЛЮДАТЬ	ТОЛКНУЛИ
ЭНЕРГИИ	ВСЕМУ
ДОРОГА	ОЧЕВИДНОМ
КОЛОНКОЙ	ЗАМЕНУ
КАЛЬКУЛЯТОР	ЗНАЧОК

Puzzle 36

```
Х И Ш Т О Р М Д Э С У М В У А
В О Т О Н Ь Л О В О Р Б О Д Т
В С Р Т О У С Б А Н И Л А М И
С В Т О О Ф У А К Н Ь Ц Н И М
П Л П А Ш И Н В У Л Т С Я О И
Ы А Е Р В И И И М С П И Р Н
Х Д С И Т К Й Т Р П О В Р С Е
И Е Т У Н П И Ь О У Н Н Е А К
В Л Н И Ч Е Г О В Т Д О В С Р
А Е О Д Н А К О А С Е Ф О К У
Е Ц П И У Л А П Т О Б М Д Е Г
Т Ю А Ч У Л О П Ь Д П И Ы Е Н
Е А О С О Б Е Н Н О С Т Ь Д У
Л И С Т О В О Й Е Е Е О П А Р
```

НИЧЕГО	ДОБАВИТЬ
МАЛИНА	ПОЛУЧАЮТ
ВЛАДЕЛЕЦ	ОСОБЕННОСТЬ
ХОРОШИЙ	ШТОРМ
ОДНАКО	ЭВАКУИРОВАТЬ
КОФЕ	ТЕМЫ
КРУГ	ДОСТУП
ВСПЫХИВАЕТ	ВСТАВКИ
ЛИСТОВОЙ	ДОБРОВОЛЬНО
ДОВЕРИЯ	БЕДНОСТЬ

Puzzle 37

```
Б О Ж Е С Т О Ч Е Н Н Ы М И С
Б Л Ф У Н К Ц И Я Р Л А П Ь П
Е С Е А К У Л Н Д Н И О А М Р
С Р П С А Б М Н О Р Ф П Й Е О
С Е Р О Т Р Ю Е Р И Е Л Ы С С
М Д И Б Я Я О П С И И В Н И И
Ы А К В Б О Щ К Т Р С М Н И Т
С Р Л И Е Н О И Л Л И М А И Ь
Л А Ю Н Р Ж Н В Й А П И З У Е
Е С Ч Я У О Ь О Т И О Е Я М И
Н Т Е Ю М М Л З Н Б О Б В Р П
Н И Н Т Е З О У Т И У И И Н И
Ы Б И Ф В О Б Р Е Е Р И Р Т И
Й Т Й П У В Т Г М Н О И П Н С
```

БЛЕСТЯЩИЙ	МИЛЛИОН
ОЖЕСТОЧЕННЫМИ	ПРИВЯЗАННЫЙ
ПРИКЛЮЧЕНИЙ	БЕССМЫСЛЕННЫЙ
ЮБКУ	СЕМЬИ
СПРОСИТЬ	ФУНКЦИЯ
БОБ	СРЕДА
ОБВИНЯЮТ	ДРЕВНИЕ
РЕБЯТА	ПЕННИ
ВОЗМОЖНО	БОЛЬНО
РАСТИ	ГРУЗОВИК

Puzzle 38

```
Р  И  В  И  Д  И  М  Ы  Х  Е  Т  Е  И  П  Н
О  Ц  Л  П  Ц  А  П  Л  Е  Й  Р  Я  С  Р  И
М  Ц  О  В  О  Д  О  Х  Т  О  А  С  К  И  Ж
М  Е  С  Р  Р  Д  Е  С  Р  У  Г  А  Л  Г  Е
П  Т  Ю  А  М  И  Н  И  Р  П  И  Т  Ю  О  О
Р  О  О  И  Д  К  У  Я  У  Р  Ч  С  Ч  Т  Н
Н  А  С  Т  Т  С  М  О  Т  И  Е  В  Е  О  З
Е  А  Ф  В  С  О  Е  А  И  Ь  С  С  Н  В  Е
Р  Л  Б  И  Я  Н  Т  Ц  М  Т  К  Е  И  Л  Л
Б  Е  С  О  А  Т  С  И  Е  А  И  Г  Я  Е  О
Л  Д  С  Р  Р  М  И  Н  У  Ш  Й  Д  А  Н  П
О  И  У  У  П  А  С  Т  Е  Ы  Е  А  Т  И  Ф
К  В  Е  С  Т  П  Н  Я  Ь  Л  И  Т  И  Я  П
О  У  И  Т  М  Ф  Е  П  Н  С  У  Ф  Р  И  О
```

ПОСВЯТИТЬ	ПЯТНИЦА
ТРАГИЧЕСКИЙ	СЛЫШАТЬ
БЛОК	ВИДИМЫХ
ОТЕЦ	СИСТЕМУ
ЦАПЛЕЙ	ВСЕГДА
УВИДЕЛА	НАБОРА
ПОДНЯТЬ	ПРИНИМАЮТ
ПРИГОТОВЛЕНИЯ	ОТХОДОВ
ИСКЛЮЧЕНИЯ	ПОЛЕЗНОЕ
НИЖЕ	НОСКИ

Puzzle 39

```
Н  Л  О  Б  С  Д  У  П  В  Т  Н  Т  А  С  С
Т  С  Н  У  Е  Е  М  Р  Е  М  Е  Ъ  Б  О  Т
А  Е  Е  Й  Д  П  С  И  Л  У  Е  Ф  В  В  Е
А  Н  У  В  Ь  Р  Т  М  И  Г  А  С  М  А  П
Р  И  Т  О  М  Е  В  Е  К  С  П  Р  О  С  Е
В  А  Л  Л  О  С  Е  Н  О  С  Я  Н  И  П  Н
Р  Ы  З  Ы  Г  С  Н  Я  Л  Ь  Л  И  А  И  И
М  Т  И  Р  О  И  Н  Й  Е  Т  Ш  Е  Х  С  Е
С  Л  Р  Г  Е  Я  О  Т  П  У  Н  О  У  Л  У
К  И  Н  О  Р  Ш  Й  Е  Н  Н  О  Й  Д  Е  И
О  Р  У  П  М  А  Е  Т  О  Я  Е  Е  З  В  И
С  Е  Н  Е  У  А  Л  Н  С  Т  А  Д  О  А  Е
Э  К  С  П  О  Н  А  Т  И  В  М  Ю  В  Т  И
А  Т  О  Р  М  Ы  Т  Ь  Е  Е  У  Л  Р  И  Е
```

СЕДЬМОГО	ОБЪЕМЕ
ЭКСПОНАТ	ШЛЯПА
ВОЗДУХА	МЫТЬЕ
СТЕПЕНИ	СЛЕВА
КИНО	ВЫИГРАЛ
БУЙВОЛЫ	СПРОС
ПРИМЕНЯЙТЕ	ДЕПРЕССИЯ
ВЕЛИКОЛЕПНО	РАЗРЕШЕНИЕ
СТАДО	ТЯНУТЬ
ЛЮДЕЙ	УМСТВЕННОЙ

Puzzle 40

```
Т Т Ф Л Е И Н С М С Е О Ц Н И
М О Н С Т Р А И Ф Т У Ц Н И Р
П Т Е Т Е О Е Ц К Р П Е Е Т П
В Ы Б Р А Л А Л Р Е О Н О М Р
Я П Т Ф Ф С Е У Е Л Л К М К Р
А Й Р У Т И И Ж С Я И А У О Н
И О Ц А Т Ч Л Т Л Е Ц У С М А
Л Г А О В А Р Т О Т Е Т Д П З
К О М А Р И И М Р А Й У У Ь В
Т Т И К Л Ы Т У Б И С Р К Ю А
О Я М Е Л К И Е С Т К Е О Т Н
Е С З Е М Л Я Д Л Н И М Н Е И
Н Е С М О Т Р Я А Ь Е И Е Р Е
С Д Е С И Т М О И Т С П Ц О О
```

ОЦЕНКА	КОМПЬЮТЕР
ПРАВИТЕЛЬ	ПОЛИЦЕЙСКИЕ
ЗЕМЛЯ	НАЗВАНИЕ
СТРЕЛЯЕТ	ВЫБРАЛА
ДЕСЯТОГО	БУТЫЛКИ
КОНЕЦ	МЕЛКИ
КОМАР	ЧИСЛО
АРМИИ	ЯЙЦО
ЖЕЛЕ	КРЕСЛО
МОНСТРА	НЕСМОТРЯ

Puzzle 41

```
У П П О Л Н О С Т Ь Ю Н М Т Р
Т Е С М И Р Е Н Н У Ю Р Р Р А
Б Р Р Е Л И Г И О З Н О Г О С
Л Е И О В Т С Е Щ У М И Е Р П
А Г Н А Д Е Ж Н А Я Н Д П Е Р
Г О Я С Л У Ч А Й Ф О К У С О
О В П А В Ы Д У М Ы В А Т Ь С
Р О Н Ь Л Е Т И В Т С Й Е Д Т
О Р Т П С Е М П С В Е О Е Р Р
Д Ы Р О Г Е Ж Е О О С Д О Н А
Н С П Е О Р Б Я В Л А Е У И Н
Ы И О Н Ф Л Т Я Т К М О М Б Я
Й П Р О С Л У Ш И В А Н И Е Т
С М О Т Р Е Л И Е П Т И А И Ь
```

СЛУЧАЙ	ФОКУС
НАДЕЖНАЯ	ТАМ
РАСПРОСТРАНЯТЬ	ДЕЙСТВИТЕЛЬНО
ГОРЫ	ВОЛК
ПЕРЕГОВОРЫ	ПРОСЛУШИВАНИЕ
РЕЛИГИОЗНОГО	ПРЕИМУЩЕСТВО
ВЫДУМЫВАТЬ	ПОЛНОСТЬЮ
ТЯЖЕЛАЯ	БЛАГОРОДНЫЙ
СЕБЯ	СМОТРЕЛИ
СМИРЕННУЮ	БУДЕТ

Puzzle 42

```
Д О А Е Р К Р Е С У В П О Н Т
Н А Л Р Р О О О У Я Ы О Р Т П
С М Л Т И М С Р Е Е В Д Б С И
Ф Р С И Ы Н К О А С О Ъ И К И
Т А М А С А О В Я З Д Е Т Е Я
А Л З Т А Т Ш С Л В М А Л И
Н Е Ц А Б У Н Е Ь Т Н И Т Е Н
О С Л Л Е О Я Т Е Р П Т Т А
П У Т Ь О М Е Ж А Д М Е Е И Щ
А У Т И К Е Д С Т Н О У Ч И Е
К Л Е Т К И Е Н Л С Ф Н Н А Б
И Т С К И Н Ь Л О Г У Е Р Т О
В О З Р А С Т С Б М С О А Е Е
В Ы Т Е С Н Я Е Т Р А И С У М
```

ВОЗРАСТ	КЛЕТКИ
ПОДЪЕМ	КОМНАТУ
САМА	ВЫТЕСНЯЕТ
ВЫВОД	ТРЕУГОЛЬНИК
РОСКОШНОЕ	РАЗВИТИЕ
ОБЕЩАНИЯ	ОРБИТА
БОЛТАТЬСЯ	ФАЗА
СЕЛА	ПУТЬ
ДАЖЕ	СКЕЛЕТ
ВСТРЕЧА	КОЛБАСЫ

Puzzle 43

```
Р Т Н Е Ц Д Е С М О Т У А В И
В А Я Д О Л Ц Х Я Т Р К Е Н Д
Ы К С П У У М О С Н Е А Т Э Е
С В Т С М Е И З Я О Б З Л П Н
О А И М М С О Я А С У А Е Н Т
К Л В И Т О Ь И Щ И Е Т Г Т И
И У О И А Т Т Н Я Т Т Ь К Н Ч
М Б Н Р Е А Е Р Т С С Р О Е Н
С У А К Р А П А Е Я Я Е С Д О
Т Е Т А А Т Р Р В Т Т И Т И С
М Т С У М С Е В С Е Ь Р Ь Ц Т
О Б Ы Ч Н О Т Ю А Н И Ч А Н И
П О Ц Е Л У Й Р Г М Е А О И Д
В Ы Я С Н Я Ю Щ А Я И О Р И Н
```

СВЕТЯЩАЯСЯ
ВЫЯСНЯЮЩАЯ
ЛЕГКОСТЬ
НАЧИНАЮТ
ИНЦИДЕНТ
ХОЗЯИН
ЦЕНТР
ТЕРПЕТЬ
ТРЕБУЕТСЯ
ОТНОСИТСЯ

РАССМОТРЕТЬ
ПАРКА
ЭТА
БУЛАВКА
СТАНОВИТСЯ
ИДЕНТИЧНОСТИ
ОБЫЧНО
УКАЗАТЬ
ПОЦЕЛУЙ
ВЫСОКИМ

Puzzle 44

```
З К Г З О Н М В И П П Э З П И
У И Е Н О М И Х У Р Р К Е И Н
С Н М А Е Н Т О С Е Е С М Т Т
И Ь М У Е В Т Д Т Д С Т Л Ь Е
З Л А И Н У Н И И С Л Р Е Т Л
Р Е У М Н Е Е Ы К Т Е Е Р А Л
А Д О У Л С Е И Й А Д Н О Ш И
С Е И З У Ч И Т Ь В О Н Й У Г
Х Н Х И У Е Н Т О Л В О К Л Е
О О Е Л Р И А У О Я А Г А С Н
Д П Р О Е Р Д Н М Е Т О Е Ф Т
У Т О М А Т З М У Т Ь Я В Р Н
Е Э Л Л И П Т И Ч Е С К И М Ы
Т Т Щ А Т Е Л Ь Н О А Н И Е Е
```

ТОМАТ	ПРЕСЛЕДОВАТЬ
ИНТЕЛЛИГЕНТНЫЕ	ИЗРАСХОДУЕТ
ЗОНТИК	ЗЕМЛЕРОЙКА
ОРЕХ	ВХОД
ТЩАТЕЛЬНО	ИЗУЧИТЬ
ЭЛЛИПТИЧЕСКИМ	ПРЕДСТАВЛЯЕТ
УМНЕЕ	ЗИМУ
СЛУШАТЬ	ПОНЕДЕЛЬНИК
ПИТЬ	ЗДАНИЕ
ЭКСТРЕННОГО	ГНЕВНЫЙ

Puzzle 45

```
С П О Р А Д О В А Л О И У Р М
М Ч И Н О С Т Р А Н Н Ы Й О У
О Я А Н Ь Л А Н О И Ц А Н У Д
Л С У С Н И Т У Д П Ь Б У С Р
О А Л Ь Т А К Е Л В Т О Р Л Ы
Д Т Т О С Л П Н Е И И О М А Х
О И Я О О Б И М Д Ф Ш И А П К
Й С П У П Т Р В И И Е О И У С
К А Н А В Ы И Т Е Е Р М В Т Н
Н Е Н А В И С Т Ь Й Ы Б О С О
О Г Р О М Н А Я Л А Ш Я В Н О
И И Л Р Ы Б А Л К У Т У У У И
О Г Р О М Н Ы М С М Т И Ю Е У
Л О Л И М О Н А Д О Б З О Р Е
```

КАНАВЫ	УПАЛ
ЛИМОНАД	РЕШИТЬ
ПОРАДОВАЛО	МУДРЫХ
МОЛОДОЙ	НЕНАВИСТЬ
БРАК	ПОСТ
ИНОСТРАННЫЙ	ОСОБЫЙ
ОТВЛЕКАТЬ	ЯВНО
НАЦИОНАЛЬНАЯ	ОБЗОР
СЧАСТЛИВЕЙШУЮ	ОГРОМНЫМ
РЫБАЛКУ	ОГРОМНАЯ

Puzzle 46

```
О Д У Р А Ч И Т Ь С Т Н Р И В
Л Ц И С И У Н Ц Е Н Е Д А Л М
Л О М Р А Т Л Н С Е Р Л Р О Т
Л Т Т И С Т Р Ы Т Т Е С О Е А
У Я С О Т Е Й О Б В О К Т М К
Н И П Ф Е Р Л Ю С К И Р К Т С
Ы Н О И О Т Н У М М А О Е Е И
В Е К Ш А Я А Н Ч О С А Р К Т
П Ж Т С А С С Ч Б Е Н З И Н А
О И У И Е Р У Е Р Ы Б А Д Т Р
Р В Т Т И И К Ч Т О Й О К Е И
Ц Д М В Р И В А У Ь С С Е С И
И У А А С Й И Р А Н Е Ц С С Е
Я Л О П О Р Р П М Т И Е М У В
```

БЕНЗИНА	СЦЕНАРИЙ
РЫБА	ВКУСА
ВЕК	КОВБОЙ
КРАСОЧНАЯ	ЛУНЫ
СЕТЬ	ПРАЧЕЧНУЮ
КОЙОТ	ПОРЦИЯ
ПОЛЯ	ДИРЕКТОРА
ШАР	УЛЫБКА
МЛАДЕНЕЦ	ДВИЖЕНИЯ
ОДУРАЧИТЬ	ТАКСИ

Puzzle 47

```
Я  А  Щ  Б  О  Л  И  А  Ь  Р  З  Р  С  П  И
А  Г  В  О  Е  Е  И  О  Т  М  М  Д  О  О  Г
Н  Е  Л  Л  И  О  Е  Ч  И  Т  Е  Д  П  М  Н
Р  Р  А  Ь  С  О  Д  Ы  Н  С  Й  П  Р  И  О
Я  Е  Ж  Ш  Д  У  С  У  М  Ы  Г  Р  О  Л  Р
Л  Б  Н  О  Р  М  Р  Е  О  С  Х  О  Т  О  И
У  Й  О  Г  О  Р  О  Д  П  Е  П  Б  И  В  Р
П  О  С  О  А  Е  Е  К  А  Н  З  Л  В  А  О
О  Е  Т  Е  Е  М  Г  У  Н  Ц  Е  Е  Л  Н  В
П  Р  Ь  Т  Н  Е  Р  И  И  Е  И  М  Я  И  А
С  О  С  П  Т  З  А  Т  В  М  М  А  Т  Я  Т
Н  С  И  Л  Ы  Ц  И  Р  Е  Щ  Я  А  Ь  А  Ь
М  Н  Р  М  У  И  П  Б  Ц  П  П  Т  С  С  Р
К  Т  О  Т  Р  Р  Т  Е  У  Е  Г  О  Я  И  А
```

ДОРОГОЙ	СОДЫ
ПРОБЛЕМА	НАПОМНИТЬ
ЯЩЕРИЦЫ	ЛИЧНЫХ
ОБЩАЯ	БОЛЬШОГО
ИГНОРИРОВАТЬ	ПОПУЛЯРНАЯ
СОПРОТИВЛЯТЬСЯ	БЕРЕГА
БИЗНЕС	ЗМЕЙ
СИЛЫ	ЗНАК
КТО	ВЛАЖНОСТЬ
ДЕТИ	ПОМИЛОВАНИЯ

Puzzle 48

```
С Е Р Д А Р Т Ю С В Т У У В С
О Т М Е У Ш М Ж Т Р Т Б Ь П Т
Т И Р И Р А Т Н Е И Л К Л Е Р
Д У У А М В У Ы А Е А А А Р Е
Е И Е К Д Т Т Й З А Ч Е Т Е К
Л И У М Е А О Е Е А О У Е Д О
Ь С А У Е А Т О Ч С Е Т Д И З
Н А С С Р Г У Ь С А Е О М О Ы
О Т Ь Т А В О Р И М Ю З Е Р Т
Р А С С К А З Ч И К О Е Ф А Е
Н Е К О Т О Р Ы Е Р Ы Т Е Ч Н
Р А С Т И Т Е Л Ь Н О Г О Л О
О Л А М И Г Р М Х О Р Е К У М
Е Н Т С В О Р И М И Д Д Н Я С
```

СТРАДАТЬ	СТРЕКОЗЫ
КЛИЕНТА	СУМКА
ЧЕТЫРЕ	ДЕТАЛЬ
АДРЕС	ЮЖНЫЙ
ХОРЕК	НЕКОТОРЫЕ
ВПЕРЕДИ	ОТДЕЛЬНО
ВАШ	РЕЗЮМИРОВАТЬ
ИСЧЕЗАЕТ	РАСТИТЕЛЬНОГО
ЧУДО	РАССКАЗЧИК
ЕГО	МОНЕТЫ

Puzzle 49

```
Е  Д  Д  Е  Ш  Е  В  О  Г  О  Т  Е  У  П  В
Е  С  Р  С  И  И  Б  Л  Ю  Д  А  У  О  О  О
В  Т  У  А  Ф  Е  К  Р  У  Г  Л  О  М  Л  З
О  О  Ф  О  Й  К  Н  М  В  Е  Г  Н  Ц  О  В
Б  С  Й  А  Н  В  Д  Л  А  С  Т  И  К  Ж  Р
Н  О  А  Т  Н  О  Е  А  У  В  А  В  М  И  А
Я  Б  Т  Е  И  Р  Е  Р  Л  К  Р  Ы  М  Т  Щ
Л  И  С  О  И  И  И  З  А  Л  Б  П  Н  Е  Е
О  Р  О  О  П  В  Л  А  Ц  А  Н  О  Н  Л  Н
М  А  Н  Е  Ц  Р  М  Б  Р  Д  С  Л  У  Ь  И
Ь  Т  Р  Ц  Т  Е  В  Ы  Р  З  В  Н  И  Н  Е
С  Ь  О  М  Р  С  Т  Л  Р  А  И  Я  Т  О  П
И  Е  Г  Е  Л  Т  Р  А  А  Н  Р  Й  Т  Г  А
П  Р  Е  Д  Л  О  Ж  Е  Н  И  Е  М  М  О  И
```

ЛАСТИК	ПРЕДЛОЖЕНИЕМ
ПОЛОЖИТЕЛЬНОГО	ВОЙТИ
ГОРНОСТАЙ	СОБИРАТЬ
БРАТ	ВЗРЫВ
КРУГЛОМ	ЗАБЫЛА
ДАЛ	БЛЮДА
ДЕШЕВОГО	ОБНЯЛ
ВОЗВРАЩЕНИЕ	ПИСЬМО
ВЫПОЛНЯЙ	ВКЛАД
ДРАЙВЕРА	СЕРВИРОВКЕ

Puzzle 50

```
О О Р Й С Е М Б И П О Н И П А
Е Т М И В И А С У Е Т Л Т Р В
М А Р Щ М М Х М Р М И И М И Т
В Д И Ю Я У Н Е С Е А Т У Ч О
Т Е И А Е О У Л Е О Д Г С И М
Д С Т Т Л О Т С П М Н Н А Н А
У Е С Е К Е Ь И М П И Н Е Ы Т
Ю Б О Л Р М А Е Т М У Е Й М И
Т О Р С О Б С Т В Е Н Н Ы Й Ч
И С С Л Е Д О В А Н И Я Н З Е
Ф У Т Б О Л Ь Н А Я Т Е Т Е С
О Т Н О Ш Е Н И Е И О Р С Б К
А Б С О Л Ю Т Н О Й С М Е Р О
С О В Р Е М Е Н Н О Е С М А Й
```

РОСТ	ПРИЧИНЫ
КЛЕЯ	АВТОМАТИЧЕСКОЙ
БЕСЕДА	СОБСТВЕННЫЙ
МЕСТНЫЙ	СРЕДНЕМ
ОТНОШЕНИЕ	ДУЮТ
БУМАГА	ФУТБОЛЬНАЯ
МАХНУТЬ	ЗЕБРА
СТОЛ	ИССЛЕДОВАНИЯ
ВЕТЕР	ЛЕТАЮЩИЙ
АБСОЛЮТНОЙ	СОВРЕМЕННОЕ

Puzzle 51

```
З А П А Д Н Л Е Т С Е Т Е Н Р
О И О Н У А С М Т И О И У Е Р
Е И Е И У К Й Ы Д Ж А К К Т Л
Т С Н П Т О К Д Е Р Е С Л М Р
С Ь Т С О Н Н Е Ж Р Е В И Р П
М Е А Д Б Е О А Ы П С Н Ч Е Е
У О Р О А Ц Е С У Н Т Т О Е П
К Б Ф А Р Н Р И Т У Н С Т У Е
Р Л У П Я О А С Л Р И А И У И
Е А И Л Е Ч Е Н И Е А М Р У И
С Д О Р О Г П А Т С С Я Е Т Ц
Т А М А Б О Л Е З Н Е Н Н О С
А Е Н У И Р М А Г А З И Н А И
Т Т Ю Я Н О Л К Т О В Ф Т М С
```

КАЖДЫЙ	СТРАННЫЕ
ОБЛАДАЕТ	ОСТРАЯ
СЕРАЯ	БОЛЕЗНЕННО
НАКОНЕЦ	ТОЧИЛКУ
ПРИВЕРЖЕННОСТЬ	ЛЕЧЕНИЕ
РАБОТУ	МАГАЗИНА
ОТКЛОНЯЮТ	ГОРОД
СПИНА	ЗАПАД
ДЫМ	РЕДКО
НЕТ	КРЕСТА

Puzzle 52

```
В Л Ь Т А З А К С Д Е Р П И Е
Ф Ы Л М Р О К Ь Т С О Р О К С
У У П Я И Т Н Е Р Ц С Н С Я А
И М М О Д И О Й О Х У С Е И Ч
И Р И Т Л У Г Ы П М О Т Л Ц Д
М М О Е О Н Ь Л А Е Р И Е А О
Л И С Т О В Я П Р С Ь С Н Т Н
Й И Ж О Х О П Е Н В Т Б Ц И У
З У С Р У Е Е Т Т Ц У О Ы В Т
В Е А З Д Я Д Я Т А Н И Ш А М
Е Р Е И А А П И М У А А Т Р О
З Р И Р Н Т Н О И О М У О Г Ф
Д М П Д Е Р Е П В В Б И С П Е
Ы Н О И Р И А М Е Л О Н Ф Т А
```

ВЫПОЛНЯЕТ	РЕАЛЬНОЕ
ПОСЕЛЕНЦЫ	ЧАС
МАШИНА	НЕПОХОЖИЙ
ТЕПЛЫЙ	СКОРОСТЬ
СУХОЙ	ВСЕМ
ГРАВИТАЦИЯ	ВПЕРЕД
ОБМАНУТЬ	ДЯДЯ
ЛИСТОВ	ЗАТЕМ
ПРЕДСКАЗАТЬ	ЗВЕЗДЫ
СТО	ГОНКА

Puzzle 53

```
И Н О Ч Е Т Е Щ И В О Р К О С
С С Ь Т А Р Б Ы В А Т Е Р Д А
П Н С М М Й М Л Л И Р Р Ы Р А
Р Е Т Т У Т Н А И Р А В Ш П Е
А Г Т И Ж С М И П Е Р С К Т М
В О С К Ч И О Р К Е Л Н А И И
И В Ь Т И Т С У П О Р П И Е Е
Т И С Е Н Р И П М А В Е Р П Е
Ь К Г И Ы Р К У П У У Ь Л О Р
Е Е И Н Е Л В О Н А Т С С О В
В Н Е И И А Р У С К А Ж У И М
В О З М О Ж Н О С Т Ь О С И Р
У О С Т У Д Е Н Ч Е С К А Я Е
И З В И Н Е Н И Я Л И Е Е Н У
```

ВОССТАНОВЛЕНИЕ	СНЕГОВИК
РОЛЬ	ВАРИАНТ
ВАМПИР	ВОЗМОЖНОСТЬ
СКАЖУ	СОКРОВИЩЕ
ИЗВИНЕНИЯ	ВЫБРАТЬ
ПРОПУСТИТЬ	МУЖЧИНЫ
ВНЕ	СТУДЕНЧЕСКАЯ
КРИК	ПЕРЕЛОМ
ЧАЙНИК	КРЫШКА
ОНИ	ИСПРАВИТЬ

Puzzle 54

```
О Н У З Н А В А Т Ь М Б Н М З
П Е Р Е Х В А Т Ы В А Т Ь А Н
К К А П И Т А Л И Ж Р Ю Й С А
О С Я О П Т А А Т Е И А Ы Л Ч
Г П А М А Д Т С Л Н И М Н А И
Д Р Я С О Р У Т Л Щ О И В И Т
А Т О Ц Р Х О Н К И Е Н И Т Е
О У Е Х О Т Я Т У Н В О С Ц Л
Р О Т Л Р Б Л Е П А Р П С И Ь
А И Т Р О Е Е Й И Щ У Г Е Б Н
Т А П О М О М Н Л И Д С Р У Ы
К Е Т Н П М И Е А О Т И Г Л Й
Е И М И К С Е Ч И М Е Д А К А
Н И П У М Р Ж Е Н И Т Ь С Я Д
```

НЕКТАР	НЕБО
КАПИТАЛ	АГРЕССИВНЫЙ
КЛУБ	ПЕРЕХВАТЫВАТЬ
КУПИЛА	ПОЯС
ХОМЯК	АКАДЕМИЧЕСКИМИ
ЖЕНЩИНА	ХОТЯТ
МАСЛА	ЖЕНИТЬСЯ
ЗНАЧИТЕЛЬНЫЙ	БЕГУЩИЙ
КОГДА	УЗНАВАТЬ
РОТ	ПОНИМАЮТ

Puzzle 55

```
К П Д Ч И Т М М С Е И Ж У Р О
И О О Д А Р Г О Н И В П Е Е Т
Н У Л Е Н С В Й Ы Н Ь Л И Б О
Ф Й Н Л З Е Т И Т А Е В И Т Т
О Ы У Н Е Д М О Н В У И М И Г
Р Н В Т И К К О У А Ц Е И Р
М Н Я Щ И К Ц А Ф Л А Е Н Т А
А Е У В Ц Ц Н И Р П И У Е Р Д
Ц В П И М М Ь Т И Н Е М З И У
И О П Р И Н А Д Л Е Ж И Т Н Г
Я Н А П О М И Н А Е Т О П А И
Р Г Ф Е Д Е Р А Л Ь Н Ы Й А Д
Р М Ф Е Х Т О В А Н И Е А С И
В О Л Ь Т С М Е Ш А Й Т Е О М
```

ЯЩИК	КОЛЛЕКЦИИ
ПРИНАДЛЕЖИТ	ИНФОРМАЦИЯ
МГНОВЕННЫЙ	ПРИНЦ
ПОЕЗДКА	ВОЛЬТ
СМЕШАЙТЕ	ФУНТЫ
НАПОМИНАЕТ	ОБИЛЬНЫЙ
ВИНОГРАД	ФЕХТОВАНИЕ
ОРУЖИЕ	РАДУГИ
ИЗМЕНИТЬ	ФЕДЕРАЛЬНЫЙ
ЧАСТО	ПЛАВАНИЕ

Puzzle 56

```
Т Д М Р С И Т Т Г У С Л Е О Щ
С Ц Ь Е У Т У М Т Е О Ф П О Е
К Н Т О П И М А Н М Т Е Б П Д
О Т Е Л Р Н И Л Ц Т Е М Й Н Р
Л Ф Р Г У В И Н О В А Т Ы Х О
Л Р Т Ж У И Ц С Х Т И Н К С
А У О А Е С П У С К И У П О Т
П К М З С Т Т Н Н И Ч З А Н Ь
С Т С Д К М О С Т Р О Е З Т Д
И Ы Р Е У М Р Е М Г П Л Е А И
А П С Л Ю Е Е Н И О Д С Н К А
Г И Б К О Й Л У И И Е И В Т С
П Л О Т Н О Г О Б Ы Р Г И С Т
З А П У Т А Т Ь И Р П Д У Т А
```

ЩЕДРОСТЬ	ГИБКОЙ
ЗАПУТАТЬ	СПУСК
МОСТ	ЛЕТО
ИГРЫ	РАЗДЕЛ
УЗЕЛ	КОНТАКТ
ХОЛМ	ПЛОТНОГО
КОЛЛАПС	ФРУКТЫ
ВНЕЗАПНЫЙ	ПРЕДПОЧИТАЕТ
ВИНОВАТЫХ	СУПРУЖЕСКУЮ
СНЕГ	СМОТРЕТЬ

Puzzle 57

```
Т  П  У  С  Т  Ь  А  Н  Г  И  И  Т  С  П  И
П  Е  Ы  Н  Р  И  М  И  И  Л  О  С  О  Р  А
Р  О  К  И  Ч  Е  Н  З  У  К  А  О  М  Л  Р
Е  В  Я  С  Т  И  М  Е  Р  Т  С  З  Н  З  П
В  А  Е  Д  Т  Н  Т  А  Е  Р  И  Е  Е  А  О
О  Ж  Я  Л  П  Ы  А  С  И  Е  Н  Н  В  Я  Т
С  Н  Р  О  Т  Т  И  А  Е  П  А  П  А  В  Е
Х  Ы  Л  М  У  С  Е  Р  Ь  Н  Е  Д  Ю  Л  Р
О  Й  И  А  Б  У  П  И  Р  У  И  Ц  С  Е  Я
Д  И  Ф  О  А  П  Т  Т  Н  С  У  Р  Ь  Н  Л
Н  Б  И  И  Н  Т  А  Л  А  Н  Т  Т  П  И  А
О  Р  Ь  Т  А  Ц  Д  А  Н  Е  В  Д  А  Е  Е
О  Р  Я  А  Н  Ь  Л  Е  Т  А  Ч  Н  О  К  О
А  Л  Ь  Т  Е  Р  Н  А  Т  И  В  Н  О  Е  С
```

ПУСТЬ	СОМНЕВАЮСЬ
ГЛАЗ	АЛЬТЕРНАТИВНОЕ
КУЗНЕЧИК	ПОТЕРЯЛА
МИРНЫЕ	ОКОНЧАТЕЛЬНАЯ
СТРЕМИТСЯ	ПРИНЕСТИ
ТЕКСТ	ПУСТЫНИ
ДЕНЬ	ТАЛАНТ
ЗАЯВЛЕНИЕ	ВАЖНЫЙ
БАНАН	ПРЕВОСХОДНО
ПЛЯЖ	ДВЕНАДЦАТЬ

Puzzle 58

```
О  Е  Л  Т  Д  П  О  Л  О  Ж  Е  Н  И  Е  Д
Б  Е  И  Р  Е  К  Р  А  М  Ы  Ж  А  Е  О  Ю
Ы  Н  Е  Р  В  Н  Я  И  У  С  У  О  Ы  Е  Й
Ч  С  Е  М  У  К  И  Д  Е  А  Л  Ь  Н  О  М
Н  Я  Р  Т  Ш  Е  О  Д  У  Ч  Ж  Т  Ь  Н  А
Ы  М  В  А  К  Ф  У  Ш  Е  М  И  А  Л  Ц  К
Й  Т  У  П  И  Р  К  О  К  Е  В  С  А  С  И
О  Т  Н  О  Ш  Е  Н  И  Я  А  О  О  В  Е  Ф
Е  П  Т  Ф  С  Л  И  В  А  Ц  Т  А  Е  Е  А
В  Т  О  Р  О  Й  Р  Л  И  Ц  С  Н  Ц  О  Р
О  Т  С  С  С  Р  Е  О  Н  И  И  Г  Н  Е  Г
И  В  И  У  Р  С  Ч  М  Р  П  Е  Е  А  М  У
Ь  Л  Е  Т  А  Н  Е  М  А  Н  З  Л  Т  Е  Т
С  Т  Н  О  В  М  В  П  Р  И  Н  Я  Т  Ь  И
```

ЧАСЫ	ВТОРОЙ
ГРАФИКА	ПИЦЦА
ЖИВОТ	УЖЕ
ИДЕАЛЬНО	СЛИВА
ДЮЙМА	ОБЫЧНЫЙ
ВЕЧЕРИНКУ	КОШКА
ДЕВУШКИ	ПОЛОЖЕНИЕ
ПРИНЯТЬ	АНГЕЛ
ОТНОШЕНИЯ	МАРКЕР
ТАНЦЕВАЛЬНЫЕ	ЗНАМЕНАТЕЛЬ

Puzzle 59

```
Д О В Е Л О С И П Е Д Е Н А П
У Б Ж Т О С Р Е Й Ы В О З О Р
Б Р Е И И Ц А Г И В А Н А Я И
Л А И С В П И С А Т Ь Ф У А С
И З Н Е Е А С Д Н Я Ф Е Т В У
К О Е П Т Р Я Т П Е И Е Е О Т
А В Ч Т Е Т Н Т О У Е С Р Л С
Т А Е Н Н С Е Р С Я Н М И П Т
И Н Т И О Е Л О Д Е Л Р Е Е В
И И О Н О С О Т Е А Ж А Р Т О
Е Е В А Д О В Е Р Е П Е М И В
П Р О С Т О Г О Н Ч У Р А Е А
У Т Р Д А О П Р О Б Л Е М Ы Т
К С К У Д М Н Л И О Л М С У Ь
```

ПРОБЛЕМЫ	РОЗОВЫЙ
ЖИВАЯ	СЕСТРА
ВЕЛОСИПЕД	ОТРАЖАЕТ
ОБРАЗОВАНИЕ	ДУБЛИКАТ
КРОВОТЕЧЕНИЕ	НАВИГАЦИИ
ПИСАТЬ	ПРОСТО
КУПЕ	НОТА
РУЧНОГО	ТЕПЛОВАЯ
ОЛЕНЯ	ПРИСУТСТВОВАТЬ
СТОЯЛА	ПЕРЕВОДА

Puzzle 60

```
О  Б  С  У  Ж  Д  Е  Н  И  Е  Е  О  Е  В  У
А  С  С  О  Р  Т  И  М  Е  Н  Т  С  Е  Е  А
Н  О  Г  Т  Е  Й  Т  Т  У  Р  Я  У  Г  Д  А
Ж  Е  Р  Т  В  Ы  С  А  А  А  С  Щ  Р  Ь  У
С  Л  О  Н  О  В  О  С  А  П  Е  Е  А  М  Е
Р  В  Й  Т  Т  М  Р  А  И  И  Д  С  Н  У  И
П  Р  О  И  З  В  О  Д  И  Т  Ь  Т  Д  Г  М
Ц  Е  Н  Е  Т  П  К  И  С  С  М  В  И  О  П
М  Е  Ж  Н  Е  С  С  О  З  О  Е  Л  О  Р  О
Л  А  Е  У  Р  К  М  А  А  В  С  Я  З  Я  Р
Е  И  Н  Р  А  А  А  У  В  О  О  Ю  Н  Ч  Т
Т  Е  С  П  Е  Ч  Х  Е  О  Н  В  Т  О  А  Ф
Н  П  С  А  Л  О  Н  А  Д  С  Л  С  Е  Я  Ф
О  А  Т  Р  Т  К  М  Е  С  Е  Е  Я  О  У  У
```

ОБСУЖДЕНИЕ	ИМПОРТ
НЕЖНОЙ	ГРАНДИОЗНОЕ
ВЕДЬМУ	ЗАВОД
ВОСЕМЬДЕСЯТ	ПТЕНЕЦ
ОСУЩЕСТВЛЯЮТСЯ	СКОРОСТИ
ГОРЯЧАЯ	ЛИСА
ЖЕРТВЫ	ПРОИЗВОДИТЬ
НОВОСТИ	СКАЧОК
СЛОНОВ	АССОРТИМЕНТ
НОГТЕЙ	САХАР

Puzzle 61

```
Р Е Ф Р Н Е О Б Х О Д И М О П
Д И Ч Е В С Г Н Е Р Р Ц М Ф Р
А У Ф У О Н О К Л А Б Л М И И
Н Т Е М Р У Л Н И Т Р Р М Н К
Н Е А У А С О С И Е Т А Е А Р
Ы И К Ш Е П С О Е Ф А Р П Н Е
Х Щ Е Е Ю У Т С И Н Т Я П С П
С Я Ш С И Л У И У О Е И С О И
И Д Ь О О И Т Ц Е К Т Т С В Т
Д О Л Ж Н Ы Л Н У Р М У Н О Ь
Н Х А Р Е Й Ы В И Л Е П Р Е Т
О И Д Е С Я Т И Ч Н Ы Х О А Е
Г Р Н А П Р А В Л Е Н И Е С Р
У П О Р Г А Н И З А Ц И Я Е С
```

ОРГАНИЗАЦИЯ	ДЕСЯТИЧНЫХ
ПЯТНИСТУЮ	НОГУ
НЕОБХОДИМО	КОНФЕТА
НАПРАВЛЕНИЕ	СВЕЧИ
ПАРА	ДОЛЖНЫ
ПРИКРЕПИТЬ	ФИНАНСОВОЕ
РИФМА	ПРИХОДЯЩИЕ
БАЛКОН	СПЕШКИ
ТЕРПЕЛИВЫЙ	ДАННЫХ
ДАЛЬШЕ	ГОЛОС

Puzzle 62

```
К Т А Р Я П Е С Н М Ж К Е Т О
Е О Т И Л И О О М Ю И Р Е Р Т
Т Й М Г Е Л И Л У У Р И Е А Р
У Ы Е П Ф Р У Ы О Д А З Е Д И
Т Н И А А Е Т Б И Ж Ф И Е И Ц
Е В А И Е Н И Н Р А И С Е Ц А
К И С Т Ь П Ь Р И К Л Т С И Т
О Т Р А Р Ф Л О Б И О П Ь О Е
Ж А Т П А Т Е Л Н М К Д Т Н Л
Е Т Н П Ц Т Т С Т А К Р А Н Ь
Н Р И Е Ы М О Е Р П О У Л А Н
С О Н А Р М М М Л И Р Е Е Я Ы
Р П Т А Я А Т А Г О Б М Д О Й
А У Л Т Л С Р С Л Е З А С И И
```

ПОРТАТИВНЫЙ	СДЕЛАТЬ
КАЖДУЮ	ПОЛОЖИТЬ
БЫЛ	ТРАДИЦИОННАЯ
ОТРИЦАТЕЛЬНЫЙ	СЛЕЗА
ЖИРАФ	МОТЕЛЬ
РЫЦАРЬ	БРОККОЛИ
АРЕНА	КРИЗИС
САМ	ЛИТОЕ
СНЕЖОК	БОГАТАЯ
КОМПАНЬОНА	КИСТЬ

Puzzle 63

```
Д Р Е Я М М Р Т Ф П Е Р Е Ц П
В Т Ы Н И Б А К И Р П О С А Л
А П Н Д И Е Л Л О Р Е Б У Е О
У Т Е О Р Т С Ы Б С О Р Г С С
С Т И Г Н Н С И Е А В А У И К
В З В Е Ш И В А Т Ь Ы Т Б Г И
Р Е М С Т М И О В А Ш Н К Л Е
О Т Д Ы Х Р С У Ц Е Е О О О В
Д Н И Щ Н Е Ж У Е Т С Й Й Б Л
А Л П О Т Т М Р Е И Е Е У У Ю
Т Е Л Е В И Д Е Н И Я С Л С Д
Р А З Л И Ч Н У Ю С С С Ф Ь И
Е Е И А Т Т К А М И Н У А Р Е
К А Ч Е С Т В А Р А Б О Ч И Й
```

БЫСТРО	РАЗЛИЧНУЮ
ПЛОСКИЕ	ВЗВЕШИВАТЬ
ОБРАТНОЙ	ТЕРМИН
СЕГОДНЯ	ВЕСЕЛЬЕ
ГЛОБУС	ОТДЫХ
КАМИНУ	КАЧЕСТВА
КАБИНЫ	ВЫШЕ
РАБОЧИЙ	ПЕРЕЦ
ЖЕНЩИН	ТЕЛЕВИДЕНИЯ
ГУБКОЙ	ЛЮДИ

Puzzle 64

```
П О Г Л О Т И Т Ь М А П И С Е
П У Н О С Р Н И С Е П Т И Е У
У Ц В В Ж Е С Т К И Й Д Р И Й
П Е В Р А Т А Т Ь Л У З Е Р И
Ф О Т Н Н Д Р Е З У Л Ь Т А Т
А Н Л Н Е О Е П О И Т И О Е Е
К Ш В Е Ж Ф Г Н О И К Е П У Л
Т Е У Т В С В Т А Н О Ф Л М И
О М У И И К Ф В Е С Л А М О Т
Р С Е Т О У А Я А Г У П О П Я
Т Р У С Л И В Ы Е Е Ч П У У С
П Р О М Ы Ш Л Е Н Н О С Т И Е
К У Л Ь Т У Р А О И О Е А Л Д
С Л О Ж Н О Е З Е Р К А Л О Н
```

ПОТЕРИ	ЖЕСТКИЙ
РЕЗУЛЬТАТА	ПОГЛОТИТЬ
НЕДАВНО	ТРУСЛИВЫЕ
ФАКТОР	ПРОМЫШЛЕННОСТИ
СМЕШНО	ПОЛЕВКА
ЖЕНА	РЕЗУЛЬТАТ
КУЛЬТУРА	ТЕЛО
ЗЕРКАЛО	СЛОЖНОЕ
ПОПУГАЯ	ЧУЛОК
ВЕСЛА	ДЕСЯТИЛЕТИЙ

Puzzle 65

```
Р Д С Ь Р Б К Р А С К И Р Н Т
А О Р Т Е П Е Р Д С А М А Е Т
З М Е А К С О З О О Р А С С Е
Н И Д В З О Е Е Г Е З Р С Т Н
О Н И Р Е В В И Ы И И Г В А А
О И Л О И Я И Р В Т Р А Е Б К
Б Р У З Т У О В А Н П Р Т И Л
Р У Т А Р И М У А У Я И С Л О
А Ю И Р У О И А А Т Н Т А Ь Н
З Щ Т Т Н Ф Р М Н О Ь К О Н Н
И И И С О И Е С У В Л А С Ы О
Е Й У Р И С П А Н Е А Н Е М Е
К Р А Б Ы А А У У Л П С М У С
С В О Б О Д А Е У Д С А Р У П
```

РАССВЕТ	МАРГАРИТКА
КРАБЫ	ЛИДЕР
РАЗОРВАТЬ	СВОБОДА
ОФИС	РАЗВИВАТЬ
КРАСКИ	ТИТУЛ
ПРИЗРАК	ВЫГОДА
БЕЗ	СПАЛЬНЯ
РАЗНООБРАЗИЕ	РЕПА
НЕСТАБИЛЬНЫМ	НАКЛОННОЕ
КОВРА	ДОМИНИРУЮЩИЙ

Puzzle 66

```
С К О Л Ь Ж Е Н И Е П Т П Е П
И З Н О Ш Е Н Н Ы Е О Е О С О
И Ф С О Р Н С Ш А Г А Т С Е Д
О С Т А В Л Я Я У Т Р Т Н С С
К К О М Б И Н А Ц И Я Е А О О
А Н О Н А Р И Т М И С Т В Т Л
Ж Н Ь О М Ю К Н С И И К У Н
Е Е Т С И Ж С Ц И И М Й А О Е
Т С Е З О Н А Х У Т Е П Т М Ч
С Е М Н А С М К Е Н Г У Р У Н
Я Е И А Е И Н Е С З О Н А С И
И М У О С М Н Л Е Е С С А Л К
С М Е Р Т Е Л Ь Н Ы Й Р М Т С
У О Л М Л Н Е М С З А В Т Р А
```

ИМЕТЬ

СМЕРТЕЛЬНЫЙ

ИЗНОШЕННЫЕ

СЕЗОНА

ЗАВТРА

КЕНГУРУ

КАЖЕТСЯ

МАСКИ

ШАГА

МЕНЕЕ

ЖЮРИ

КЛАССЕ

КОМБИНАЦИЯ

ПЕТУХА

ТРЕТИЙ

ПОДСОЛНЕЧНИК

ЗОНА

СКОЛЬЖЕНИЕ

ПОСТАВКА

ОСТАВЛЯЯ

Puzzle 67

```
Л И Ь Л П О Л С С Е И Т Т Э С
О У С Т М А Е Е Т Г Т Н М Л П
Б М И Б Н Ь Т А З А К О Д Е О
Р Л П Д Е Р Ж А Т Ь Р Т Т К С
Н Е О С И У Д У М А Ю Ы А Т О
О А В К В Е Р О Я Т Н О Е Р Б
Ч К И Ю И Е И Ф А Р Т У К И Н
П Т Ж Р Д Р У Г О Г О С Ц Ч Ы
П И О Т И М М А С Н И П С Е Й
Б Л А Г О П Р И Я Т Н Ы Й С У
Е У Н А В О Д Н Е Н И Я Е К Е
С Е Р Е Б Р Я Н А Я У Ц Е И А
П Р О И З Н О Ш Е Н И Е П Й О
В О З Б У Ж Д А Е М О Г О Т Т
```

ФАРТУК	ВОЗБУЖДАЕМОГО
ВЕРОЯТНО	САММИТ
ЖИВОПИСЬ	БЛОКИ
ДУМАЮ	СЕРЕБРЯНАЯ
НАВОДНЕНИЯ	УЛИТКА
ПРОИЗНОШЕНИЕ	ЧТО
ДРУГОГО	СПОСОБНЫЙ
ДЕРЖАТЬ	ДОКАЗАТЬ
ЭЛЕКТРИЧЕСКИЙ	СТАРЫЕ
БЛАГОПРИЯТНЫЙ	ТРЮК

Puzzle 68

```
Н  П  П  К  О  Н  Е  Ч  Н  О  П  Х  А  К  З
И  Т  К  О  У  Р  С  И  И  Д  О  О  Р  Р  Д
М  М  А  М  В  С  Е  М  Т  В  Л  Л  У  А  О
Е  Д  Р  А  Е  Е  В  О  Д  Ы  О  О  З  С  Р
П  Ы  А  И  А  А  С  Е  П  Ц  В  Д  А  И  О
А  Ф  Н  Р  Р  В  Т  И  С  О  И  Н  Б  В  В
П  Н  Д  Ь  И  Т  А  И  Т  И  Н  А  О  Е  Ь
З  Е  А  И  Л  С  С  Н  И  Ь  Ы  Я  Р  Е  Е
Н  Ц  Ш  Н  Т  Е  Т  И  Р  И  С  К  У  С  А
А  И  В  О  Й  Щ  Т  Л  П  У  А  М  У  К  Т
Л  Ф  И  Т  Ф  У  Е  А  С  У  Р  А  У  У  О
А  М  У  Ф  О  Г  В  О  Т  А  Н  Р  О  Ч  Е
Т  И  А  Р  И  О  Т  И  Т  И  У  К  Д  Н  Е
Н  А  Ц  И  И  М  О  Р  Д  У  П  М  Т  О  Т
```

ПУНКТ
МОГУЩЕСТВА
ПОВЕСИТЬ
КОНЕЧНО
СКУЧНО
ИВОЙ
НАЦИИ
ОТВЕТ
КАРАНДАШ
ПАПЕ

ЗДОРОВЬЕ
ПОЛОВИНЫ
КРАСИВЕЕ
ЗАБОР
ВОДЫ
ЗНАЛА
ЛИНИИ
ПИТАТЕЛЬНЫЕ
РИСК
ХОЛОДНАЯ

Puzzle 69

```
У Е М Е И У П Е Е Т У У З О Е
Р С А Л У В Р Р Е О Т П А П Р
Я И Ф А Р Г О Е Г У А О П О А
Н К Л М У Р Ш М П С Е М Р Д Т
Б Р Е О Ь Т Л И Й В И И Е А П
О И Н Л Т Р Ы Б Ь Ю У Н Т Р О
С В И С Я И Й В Л А Д А И К М
Т О В М Н В О Т И Ю Т Т О Н
В Й О Н Е О Р С Т О Д Ь Ь В Ю
О П Г Т М Ф С В С А Т О Ц И Л
Л С О Р И К В О Р И Т О К Ц Р
А Е И Е Р Т А А К Д Я Р О П Т
М И И Р П П Р Ы Г Н У Л А В Л
В А О Т М А С Л А Б О Е М Т Н
```

УПОМИНАТЬ	ЛИЦО
СЛАБОЕ	ЗАПРЕТИТЬ
ДЮЙМОВ	ПРИМЕНЯТЬ
ПОДАРКОВ	БЛЮДО
ПОРЯДКА	ПРЫГНУЛА
СТВОЛА	ГЕОГРАФИЯ
ЛЕНИВОГО	КРИВОЙ
СЛОМАЛ	ПОМНЮ
КОТИРОВКИ	СТИЛЬ
ПРОШЛЫЙ	НОСОК

Puzzle 70

```
Б С С А Г Е Н П Е И Р С Й О М
О У Е И К Р Е Н Л И У Е П Б М
И О Х Я А У Я А И И Ч К О Е Е
З О В А К Е П З И И Н Р В С Т
В М Е Н Т У М О Н Е Ы Е О П О
И И В Т Е Ь У У С Ы Х Т Р Е Д
Н Н М С П Л А Т Ь Я Й А О Ч А
И О Т А Е З Д И Т Ь Д Р Т И О
Т М У Ч Н Р С Т Л И У Я А Т И
Е И Т А И М К Р О М Е Н У Ь Е
Р Е В Ф Ф Е И Ф Ы О Б Е Т Л Е
Ф Е Е Р У С Ж Л З У О И И С У
Д Л И Н О Й О Г О Н Й О В Д С
П Е Н И Е И К Т К И У С У Н Л
```

ДВОЙНОГО	МЕТОДА
ГРЯЗНЫЙ	МОЙ
ИЗВИНИТЕ	ПЛАТЬЯ
МИЛО	СЕКРЕТАРЯ
ДЛИНОЙ	РУЧНЫХ
КОЗЫ	ОБЕСПЕЧИТЬ
БУХАТЬ	ЕЗДИТЬ
КРОМЕ	ПОВОРОТА
КАК	ЧАСТНАЯ
КОЖ	ПЕНИЕ

Puzzle 71

```
Ф М И М С У П Р А Л Р Ь С М Р
Е И Е О Л Р И Л С О Н Т Р И С
У И С Р Е Ч Е В О П У С Е Н Г
Т И Р Я Л Е Д Д Т Х Т О Д У Т
Ж А Б А О У Р Т И Б О Н Н Т С
Х О Л О Д Н О Р З О О Ь Я Ы Т
Т А Р П С Т П Н И И У Л Я Ы Е
Е С В О Т Е У П В И Н Е Е Д К
Й О К С Е Ч И П О Р Т Т С Е Л
Р Т Б Ы В А Р Т Т Л А Я А Р А
О И Д Л Е Д Е Р П М К Е В С Н
К О Р О Т К О Й Н Е А Д О Е Т
О И И Р С И И А И Т З У О У О
М Ф О Л Ь К Л О Р Н Ы Й Е О Е
```

ХОЛОДНО	КОРОТКОЙ
СТЕКЛА	ДЕЯТЕЛЬНОСТЬ
МОРЯ	ТРОПИЧЕСКОЙ
ЖАБА	ВИЗИТ
ФОЛЬКЛОРНЫЙ	ТРАВЫ
МИНУТЫ	СРЕДЫ
СРЕДНЯЯ	СРЕДИ
БОЛЕЕ	ПРЕДЕЛ
ПЛОХО	ВЕЧЕР
ПОСЫЛ	ЗАКАТ

Puzzle 72

С	П	М	Н	Т	Й	Ы	Н	П	У	Р	К	Н	С	П
Р	Е	У	Г	Р	О	З	А	Р	Р	Е	Т	Е	А	О
Г	Л	А	Г	О	Л	А	И	Е	В	О	П	Е	Н	Д
П	Р	И	Б	Ы	Т	Ь	Н	Д	С	З	У	Т	К	В
У	С	Л	О	В	И	Я	И	О	А	П	Я	Ь	И	И
Н	А	Ш	Е	Й	Е	О	И	Т	Н	О	Ф	Л	А	Г
С	Е	С	А	С	Ы	Е	А	В	Х	Р	Е	Е	Г	Л
К	А	Ш	Т	А	Н	О	В	Р	О	А	Р	Б	Е	И
С	У	Р	И	У	Д	И	А	А	К	Ж	М	Ы	Н	У
М	Т	Н	Е	Т	О	А	Ц	Т	К	Е	Е	Л	Т	Л
Е	Е	А	Л	Е	Х	М	Д	И	Е	Н	Р	О	А	Т
И	У	Т	Р	П	Ы	Р	О	Т	Й	И	Е	К	Е	Е
Л	Е	П	У	Т	В	Л	М	Ь	Д	Е	Р	Р	Н	Д
Г	Л	У	Б	О	К	И	Й	О	Г	Р	О	М	Н	Ы

КАШТАНОВ
ОГРОМНЫ
ПРЕДОТВРАТИТЬ
ГЛАГОЛА
ХОККЕЙ
ГЛУБОКИЙ
ФЕРМЕР
УГРОЗА
САНКИ
КОЛЫБЕЛЬ

СТАРТ
ВЗЯЛ
УСЛОВИЯ
ВЫХОДНЫЕ
АГЕНТА
НАШЕЙ
КРУПНЫЙ
ПОДВИГЛИ
ПРИБЫТЬ
ПОРАЖЕНИЕ

Puzzle 73

```
О Г Н В Р Т И В И Б Е Р А Е А
Б И Л С Ы Н У Ц Р Л Ф Е Ц О П
Е И П Я Е Д Т И И У У Г Ю Р Ш
З И О Р Н Х А П А З Р С И Р Е
Ь Е В Н Т Ц Т Ю Т К Г Л Е О Н
Я И И Р Б Р Е И Щ У О Н Л Л И
Н Н Н Д А Р Т В П И Н И Т Т Ц
А Е У Е Б И У Е Ы Ы М Р О Ф Ы
И Б Й С О А М А З Й И И С А Е
У Е С О Ч А Н Л Р И Т М С Е Л
Н С Я С К Л О С С И С Т А Я А
М А Р Т У К О Р З И Н Ы Л М О
Н А К Р А С И В О Е Е Н Ж И Н
О Т Ч А Я Н Н Ы Й У С А С С М
```

ЛАССО	РАД
ОБЕЗЬЯНА	ОТЧАЯННЫЙ
СОСЕД	ФУРГОН
БАБОЧКУ	КРАСИВОЕ
КОРЗИНЫ	ПОВИНУЙСЯ
ТЕЗИС	ЮГУ
ВЫДАЮЩИМИСЯ	НИЖНЕЕ
ПШЕНИЦЫ	БЛУЗКУ
ФОРМЫ	ГЛЯНЦЕВЫЙ
НЕБЕСА	ЗАПАХ

Puzzle 74

```
О Т И Я О Н Е М У С Т Л У Ь П
П И Т Р И Ь Н Е В У О У Т Т Р
С Р У А К Т А Ч Е П Т О Е А О
С С У Б Т А Т Т Д К Е В Н В Ч
Я С Т Е А Д И Ж О Л Л И О О Ь
Т М Л У Л И Н А М А О Л К Д Б
Н Р Е О А Ж О О Л С М Ж Е Е Н
Т С П Т П О В С Е С А Е П Л Н
Н С Т А Т Ь И И Н А С В У С У
Р Е Д Ь К А А М И К П У К О П
П Л А Н Е Т Ы Е Я Р И У Н Р Т
А И О С Т О Р О Ж Н Ы Й Т П Е
С П Е Ц И А Л Ь Н О Г О П К О
Х Л О П К А Я Р У Е Л С П О А
```

ОЖИДАЕТСЯ	САМОЛЕТ
РЕДЬКА	КЛАССА
СПЕЦИАЛЬНОГО	ОЖИДАТЬ
БАР	УТЕНОК
ПРОСЛЕДОВАТЬ	ВЕЖЛИВО
ПОКУПКИ	СТАТЬИ
ОСТОРОЖНЫЙ	ПЛАНЕТЫ
ОТПЕЧАТКА	ПРОЧЬ
УТКА	ПАЛАТКИ
УВЕДОМЛЕНИЯ	ХЛОПКА

Puzzle 75

```
П О Г И Б Н У Т Ь У Н Т Н Т С
З С О Ц И А Л Ь Н О Г О Р А О
Й А В М А Р Т Х У И У Т М Б З
У Р П Л Е М Е Ч В Е М У Я У А
И О С А Ы Б У Г И А С Р А Р В
Ф П П М С Е Е А Е Т Т К Н Е И
К О М И Т Е Т Л Р А О А Н Т С
Р У Т Я И Ч Е Л Ь Ф Р И Е Ь Я
Й И Н Ш А М О Д Т Н А Я Т Т Т
А Д П О У О О А И О Ы М С А Е
Ф А М М А Р Г О Р П Ф Й А Ш А
Е А А Е С Г К У Р И Ц А Н Ы А
С Е Л Ь Д Е Р Е Й Е Е И Т Д С
В Н Ш К О Л Ь Н О Г О Е Р Т Т
```

ГУБЫ	НАСТЕННАЯ
ДОМАШНИЙ	ХВАТАЕТ
КРУТО	ДЫШАТЬ
СЕЛЬДЕРЕЙ	ЗАВИСЯТ
КОМИТЕТ	ГРОМЧЕ
МЕЧ	ТАБУРЕТ
ПОГИБНУТЬ	КУРИЦА
ПРОГРАММА	ТРАМВАЙ
МЕБЕЛЬНЫЙ	ШКОЛЬНОГО
СОЦИАЛЬНОГО	ЗАПАС

Puzzle 76

```
С А О Т Д М Н П Т Я Е С Л Д Н
О П Т С У М Н И О Е Й Н Ь О Е
Х И В Т Е У И С А Ч И Ц Т Г С
Р В Е С В Я З А Т Ь Т Е А А Т
А О Р М Ы Л Ь Н Ы М С А Х Д И
Н С С Е Е П О П Ы Т К И Ю А К
И К Т В Й И Щ Я О Т С А Н Т Ж
Т Р И О Й Ы Н Й О К О П С Ь Е
Ь Е Я Л С Р Н Е С С Е Е Д С Р
У С П Е Р С И К Д М Е О Е Я Е
Д Е Я С Л Д И Е И А А И Л Л С
Е Н П Л А В Н И К А П О К Е Е
Т И Т И П И Ч Н О Й Т У У М И
М Е И А М А П Р И Х О Д И Т А
```

ДОГАДАТЬСЯ
НЮХАТЬ
ВОСКРЕСЕНИЕ
ПОЧТА
ПЛАВНИКА
СДЕЛКУ
СЕРЕЖКИ
МЫЛЬНЫМ
ПОПЫТКИ
ПАДЕНИЕ

НЕСТИ
СОХРАНИТЬ
НАСТОЯЩИЙ
СПОКОЙНЫЙ
СВЯЗАТЬ
ПЕРСИК
ЯЙЦА
ПРИХОДИТ
ТИПИЧНОЙ
ОТВЕРСТИЯ

Puzzle 77

```
М О А К Т Л С Ь Т А Ц Д А В Д
Я Т Н Р Р О И Ф М Е О М И Н Б
Г Ш Е И А А Т Е Н Б Н Л Ы П О
К Л Н И Е З Т И И Т Ж Н Ц О Л
О Т Я З В О Р К И Е Е П И К Ь
Е Е С Ф И О С Е И О Р Р Н С Ш
К Р И Т И К А Е Ш Й Б Е А Е И
Р И М О Ц С Е О Л Е Е С Р Л Н
С Т О М А Т О Л О Г Н С Т Е С
В Р А Р У Ч Т Е Н И Е И С Т Т
П Р Е С Т У П Л Е Н И Е Я И В
П Р И М И П Т Л Т М Е Ч Т А О
Т Л А Е С П О З Д Н И Й А Т Ф
М М С С З А П У Т А Н Н О Г О
```

НЕБРЕЖНО	МЕЧТА
КРИТИКА	ПРЕСС
ЧТЕНИЕ	ШЕИ
ПОЗДНИЙ	СИТУАЦИИ
ЗАПУТАННОГО	РАЗРЕШЕНИЯ
ТЕЛЕСКОП	БОЛЬШИНСТВО
ДВАДЦАТЬ	СТОМАТОЛОГ
СТРАНИЦЫ	МЯГКОЕ
ТЕННИС	ПРЕСТУПЛЕНИЕ
КРАТКИЙ	ВЗЯТО

Puzzle 78

```
Д И А Р Т П И С Т О Р И Я К Е
М Р У И Ь Щ О М О П П Ц П У П
Т Н Ф Ф Е О Й К Е Л Т И Е К О
Л А И Р Е Т А М У Л Т Н Е Л Ж
Т Е В И Р П Ч М Й П А Е С А А
Ц Л О Е Ф Е Р М И У К С А О Л
А У И П С П Е Ш К А С А К Р У
Т О Т Р А Т А А И И Т Л М А Й
О П И А Т Р Н О Д Р А Г Р И С
С О В Е Т У Д О М У У О Е И Т
И С Б Е З О П А С Н О С Т И А
Ч Е М Е Н Е П Р А В И Л Ь Н О
Т Т Н Р М О С К О Р Б И Т Ь Е
В О Й Л О Ч Н У Ю В М Е С Т Е
```

ВМЕСТЕ	ЧАЙ
ЛАСКА	ЧЕМ
ВОЙЛОЧНУЮ	ПРИВЕТ
ИСТОРИЯ	БЕЗОПАСНОСТИ
ЛЕОПАРД	МАТЕРИАЛ
ДИКИЙ	СОГЛАСЕН
НЕПРАВИЛЬНО	ОСКОРБИТЬ
ПОЖАЛУЙСТА	ПОМОЩЬ
ПОКУПКАМИ	СОВЕТ
КУКЛА	СПЕШКА

Puzzle 79

```
К А Н Д И Д А Т Е У Л М С Я Т
Х Р А Н И Т С Я Р И Т Т М Б И
И Н К П Р И В Ы Ч К А Т Е Л Е
Ц Я Л М А Й Ы Н Л О П Р Х О У
Б И О Л О Г И И Ь В У Б О К Л
И Н П Л Г Е К Н М Ь Л Е Т О С
О А Е О О С Ш Е Ш Д А Р В Е В
У Л И Я В Й Ы Я Ч Е Н Л О С Е
М Е О Л О И Р И Р В Н М Р И Р
Ф Ж Т Ь З Т К И И О А В Н Т Н
О Л О Н А У И Ф М П Р Т Ы У У
Е Я А Ы Б И Е П Л С У Е Е С Т
П Н Р Г Е Т С Н А И М Е М Р Ь
Н А Б Л Ю Д Е Н И Я Р Т Н Н С
```

ЯБЛОКО
СМЕХОТВОРНЫЕ
ЖЕЛАНИЯ
ХРАНИТСЯ
ПОЛНЫЙ
НАБЛЮДЕНИЯ
СВЕРНУТЬ
ВНЕШНИЙ
БИОЛОГИИ
ЛОЯЛЬНЫ

ИСПОВЕДЬ
ПРИВЫЧКА
ОБУВЬ
БАЗОВОГО
СОЛНЕЧНЫЙ
ФЛАГ
КРЫШКИ
ТИПА
ПОЛКА
КАНДИДАТ

Puzzle 80

```
О Т И О П У М С П И П М И И П
Т А Т С Б О М И П П О П С Е Т
Е Д Е И И С Ч И Р И Б О Т Ц В
К О Н Ь К А У Е У У И З И Ж С
М И Н С Е И Е Ж М О Т А Н И Т
Е Р И С Е Й Е Ч Д У Ь Д Н Р Р
Р Е М З А Р О Е Д А Е И О О Я
М П М С М П В О Р Т Т А Г В Х
С Б О Р К А О Н У Л А Ь О О Н
Э М О Ц И О Н А Л Ь Н Ы Й Е У
У Н А Р Л Р З А П А Д Н Ы Й Л
В Е Ч Е Р И Н К И Л Е Д И С А
Н И П О Д Д Е Р Ж К А М С И А
Е У С П Т У У Ч А С Т Н И К А
```

ЭМОЦИОНАЛЬНЫЙ	УЧАСТНИКА
ЖИРОВОЕ	РАЗМЕР
ВЕЧЕРИНКИ	ИСТИННОГО
ПЕРИОДА	ЧЕЙ
ПОЗАДИ	НОВОЕ
КОНЬКА	ПОБИТЬ
СБОРКА	ЗАПАДНЫЙ
ВСТРЯХНУЛА	ОПАСНОЕ
ОБСУЖДАТЬ	ПОЧЕМУ
СИДЕЛИ	ПОДДЕРЖКА

Puzzle 81

```
К К О Л Е Н О Ь М И Т У И О С
К Р Г О Р А С Т Е Н О Т Е Т К
Ж У О Т Э Т Е С Н А Е В П Н Р
М У Р К А Р Е О В О Р В А Л О
А Б К И О Л У Н И Л Р О З У М
С А Т А Н Д И Н Т Е И Т И К Н
М Н В Т П О И О Ф С Н Е Р А Ы
П А Д У Б Е Е Л Д О Р В П Т Й
Е Н М А Ф С Ш К О А Е Ц И Е Т
С Р И Т Н Е Ч С М В П Л У Г Т
О В Ь Т И Ч У Л О П Ы И Е О У
Е А Л Е Д Я Л Г Ы В Н Й Я Р У
Р А С С Л Е Д О В А Н И Е И Ф
О Г Р О М Н Ы Е Н Я О Л Е Я С
```

ТОНЕТ	ПАДУБЕ
ГОРА	ЭТО
СКРОМНЫЙ	КАТЕГОРИЯ
ВЫГЛЯДЕЛ	ЛУЧШЕ
УЗОР	КРОКОДИЛОВЫЙ
СКЛОННОСТЬ	ЦВЕТОВ
ПОЛУЧИТЬ	РАССЛЕДОВАНИЕ
ПРИЗА	ЛАВРОВОЕ
ЖУКА	ОГРОМНЫЕ
КОЛЕНО	КУРИНОЕ

Puzzle 82

```
У О О С Н С Д Е Л А Н О Е У М
М К А И С С Ы Е Н Т Ц И П П У
С Ь Т С А Ч М М У С К А И Р З
П Л У Р А З Р У Ш Е Н И Я А Ы
Л О О О И Т О В Н Т А Н И В К
А К И М Л Т Ф О О У Б А Е Л А
Т С Г О А Л Е Р А Б Е С Р Е Л
И Е Р Л Р Н Р О А Р Щ О А Н Ь
Т Н Т М Я А Н Б И Т Е Е О И Н
Ь Т Н М П Д Л Ы В Е Л И Г Е Ы
Ч Е Р Е З П Я В Й Р О Т Е О Й
П А Б О Г А Т А Я Е О Л У М Л
П Р А К Т И Ч Е С К А Я Л У Д
К А Ч Е Л Е Й И И Т А Е Д У Р
```

БАНК	СДЕЛАНО
ОБЩЕГО	ГЛЯДЯ
РАЗРУШЕНИЯ	МУЗЫКАЛЬНЫЙ
САНИ	ЧЕРЕЗ
ВЫБОРОВ	РЕФОРМЫ
ЕДУ	ПРАКТИЧЕСКАЯ
ПЛАТИТЬ	СЛОМАННЫЙ
ЧАСТЬ	ТЕСТ
НЕСКОЛЬКО	КАЧЕЛЕЙ
УПРАВЛЕНИЕ	БОГАТАЯ

Puzzle 83

Г	А	М	Б	У	Р	Г	Е	Р	Н	А	Я	Е	Е	С
Ф	О	Т	О	Г	Р	А	Ф	И	Я	Е	С	Н	И	Е
Р	Н	И	Л	О	О	Е	В	К	Л	Ю	Ч	И	Т	Ь
Е	К	Ь	Р	А	П	Т	И	С	Н	О	Ч	Ь	Е	Ф
Г	О	Т	О	Е	К	И	Н	Ж	О	Д	У	Х	Е	Ц
И	И	Я	А	Т	Р	Л	С	Т	И	О	И	Р	О	Т
О	У	Л	С	Е	Т	Е	И	А	К	Б	И	Ш	О	Е
Н	У	Е	И	И	У	Д	С	Л	Т	И	Ц	Е	И	Х
С	Э	Р	А	С	Е	Ы	Ф	Н	Е	Ь	А	О	О	Н
М	Ц	Т	Л	Б	О	В	О	У	У	Т	Р	Е	А	И
И	И	С	П	У	У	Р	Е	Т	К	А	Е	О	У	К
Я	С	Ь	Т	А	Д	А	П	С	А	Р	Н	Р	Т	А
Р	И	С	О	В	А	Т	Ь	О	О	З	Е	Р	О	Т
М	О	Т	И	В	А	Ц	И	Ю	П	У	Г	И	И	П

ОКНО	РИСОВАТЬ
ФОТОГРАФИЯ	ХУДОЖНИК
ТЕХНИКА	НОЧЬ
СТРЕЛЯТЬ	СЭРА
МОТИВАЦИЮ	ОЗЕРО
РАСПАДАТЬСЯ	ВКЛЮЧИТЬ
ПОПРОСИЛИ	ОШИБКА
ГАМБУРГЕРНАЯ	РЕГИОН
ГЕНЕРАЦИИ	АКТЕР
ОПИСАТЬ	ВЫДЕЛИТЕ

Puzzle 84

```
С Т И О Г М М А У Р Г У К М У
Е В Е Р Х Н И Й У С О Г О А М
М И Р Э А А М Р К А Р О Р К И
Ь И Г Е Т И Р Л Р М О Щ О С А
П Л С И О А Л И А О Х Е Л И Р
Е М М В Х Н П Ч С Г М Н Е М К
А Е Т Т О Е Р Н Т О Т И В А Т
Д К У С Р А Б О Ь П М Е А Л И
О Т В Е Т С Т В Е Н Н У Ю Ь Ч
Р Н П Ш Д О Г О В О Р Т О Н Е
О И А Е М О Р А Л Ь Н Ы Й А С
Г Л Л Т И У М Р И Р П Р А Я К
П О Л У Ч И Л О Р И В Р И Е А
М Е Л П У Г Л О М Е А Р М Т Я
```

УГЛОМ	ОТВЕТСТВЕННУЮ
КОРОЛЕВА	ДОГОВОР
БАРСУК	МОРАЛЬНЫЙ
УКРАСТЬ	ПОЛУЧИЛ
ГОРОДА	МАКСИМАЛЬНАЯ
АРКТИЧЕСКАЯ	ПУТЕШЕСТВИЕ
ОХОТА	ЛИЧНО
ВЕРХНИЙ	ГОРОХ
СЕМЬ	УГОЩЕНИЕ
САМОГО	ЭТАП

Puzzle 85

```
Е К И И В И С Т О Л К А Т Ь Р
И О Г О Н Ж Ы Л Е Л У Е Ы Н И
У Д Т Т И Ш Л Е Е Е С Л П Н С
О Я Е Л Н М К Г Р Д Н О О С Т
П Р П Е А Л И А М И О Е О И У
Ф О Е Д Д Р Ц Р Ф У М В П Е И
И П Р Е Ж Д Е Н Е М М А А Т Н
Я С Ь Т А Щ Б О О С Е Е Т Т С
О Е Н О Р О Б Ъ Е К Т Н Р А Ь
Ф Б О О Г Е А Е Ф Е И Е А Р И
Ф Р О Н Т Е Т Р И А Н Т К Р У
Г Р А Н И Ц У Н Ч А С Т И Ц А
Л И Б О Т У У В Ы Л Н У С О У
К В А Д Р А Т Н Л Х Н Н У О Е
```

ЛЫЖНОГО	ОБЪЕКТ
КАРТА	ГРАЖДАНИН
ОПЫТ	ЦИКЛ
МЕНЕДЖЕР	ЛИБО
ЛЕД	КВАДРАТ
ТОЛКАТЬ	СООБЩАТЬСЯ
ФРОНТ	ЧАСТИЦА
РИС	СЛЕДОВАТЬ
БЕСПОРЯДОК	ГРАНИЦУ
ШКАФ	ПОРТРЕТНЫХ

Puzzle 86

```
С О Т Р У Д Н И Ч А Т Ь Е У У
О С Т А Н О В И Л С Я И Т С С
М У Н У Л Т Б З Т Ю Р Ь М Ы П
Р Р Л Е Н Р Н Н А В О Л О Г Е
М О К Ч А Р З И Т В Е Т С В Ш
О К Г Р У Б Ы Е Р Р Е Е А Е Н
З У С Л У Ж Л И В А Д Р Т В Ы
Ж А А Н Г Л И Й С К И Й Я Р Й
И С Б И Т И П И Е Т У В Р Е Р
З Е И Ы И И З М Е Р Е Н И Е Т
Н А Д О Т С С Т Е О С И Н И Е
Ь Я Е Р И Ь Ь Т И Т А В Х А З
К О Л О К О Л Ь Ч И К У У А М
Р Е К Р Е А Ц И О Н Н Ы Х Т С
```

АНГЛИЙСКИЙ	ЗРАЧКОМ
РЕКРЕАЦИОННЫХ	СОТРУДНИЧАТЬ
ТЮРЬМЫ	УСПЕШНЫЙ
КОЛОКОЛЬЧИК	ЗАБЫТЬ
ИЗМЕРЕНИЕ	ТЕМП
СИНИЕ	ОСТАНОВИЛСЯ
УРОК	ГРУБЫЕ
ГОЛОВА	ТОРТ
ЖИЗНЬ	ЗАВЕРЯЕТ
УСЛУЖЛИВА	ЗАХВАТИТЬ

Puzzle 87

```
И Н С И У В А Л Г Е Е Е Е Т И
Н Т Н А Ш У Т А М Р О Ф И Т М
С Я И Н Е Д Ж Е Р П У Д Е Р П
П П Р Н Д Н Т Т Н Е Р Е В У О
Е О Н Р Ш У И Ц А Т М У Е Р Ч
К П И Н У В Ы С О Т А А И У Е
Т Л Е Ы Ю Д Р У З Ь Я С К С Н
И А П Н О К А Р Д Н Р Р Т А Ь
Р В Й О К С Е Ч И Ф И Ц Е П С
О О Т Р Д Д О С Т У П Н Ы Й М
В К Е О В Н Е З А П Н О Т Н Е
А О Ь Т С О Н Ь Л А Е Р Ф У О
Т О Т С И С С Л Е Д О В А Т Ь
Ь Н Е З Е Л Е С Ц Е И П И Е М
```

ГЛАВУ	УШЕДШУЮ
СПЕЦИФИЧЕСКОЙ	ПОД
ПРЕДУПРЕЖДЕНИЯ	ДРАКОН
ИССЛЕДОВАТЬ	ИНСПЕКТИРОВАТЬ
ВЫСОТА	СЕЛЕЗЕНЬ
ПОПЛАВОК	СТОРОНЫ
УВЕРЕН	РЕАЛЬНОСТЬ
ФОРМА	ДРУЗЬЯ
КАМЕРА	ВНЕЗАПНО
ДОСТУПНЫЙ	ОЧЕНЬ

Puzzle 88

```
К П У М О М О К А Н З П Т Е Т
У О Т Ы Ф Й О И П А И Р Л Н Е
К М А Л И У О Е П Т О И М У М
У Т Е А Ц Л Л П И О У Г И О К
Р Р Ь Т И Т И Щ А З П О С Ц Л
У М Т С А У И Ь В П Р Т С Е Т
З Р И У Л У У Т О С А О И Н У
Ы И Н Ь И А А И О Ж В Я К С
И М Й Ы Н В И Т К А Н И И У С
С Е Е И О Ф Ц О И Е Е Т Т Р С
Ш А М П У Н Ь Б Б Х Н Ь Щ Е В
Д Е Л Ь Ф И Н А И И И С М И С
С П Т О О Т Г Р Ь Т Я С Е Д Н
Т Е Е К А Р Т О Ф Е Л Ь М У А
```

СМИ	ПРИГОТОВИТЬ
ОЦЕНКУ	ДЕСЯТЬ
УПРАЖНЕНИЯ	МИССИЯ
ШАМПУНЬ	ВЕЩЬ
УСТАЛЫМ	ЗНАКОМОМУ
КАРТОФЕЛЬ	ХИТ
РАБОТАТЬ	ДЕЛЬФИН
ЗАЩИТИТЬ	ОФИЦИАЛЬНО
ЛУК	ПАПОЙ
АКТИВНЫЙ	КУКУРУЗЫ

Puzzle 89

```
О К П Р Е Д С Т А В И Т Ь Л А
Б У Т П Р О В Е Р Е Н О Е Р Ф
Щ Т О Ц Е Н О Ч Н О Е Р Х Е У
Е С И Д Е Н Ь Е М В Р И Ы Л И
С Л П Е Р К К Р О Ш Е Ч Н Ы Й
Т А П О П Р А Н А Л И З Н Т О
В Г С Т С У С И У З И Б Е Р Н
О И Д Т Т Г Р У Е Е А Н О У Ч
А К Ж О Н О К О Р О С Я В Д А
Е М О М Е В Ф О Н Т А Н Ц Н Р
Т Я Р О В О Г У С А К А И О З
И У М У Я Й В Т Е К У Щ И Й О
У В Н И М А Т Е Л Ь Н О Е Р Р
Ю Р И Д И Ч Е С К О Г О Н С П
```

АНАЛИЗ	ГУСАКА
ГОВОРЯТ	ОБЩЕСТВО
ОЦЕНОЧНОЕ	ПРЕДСТАВИТЬ
ТЕКУЩИЙ	КРОШЕЧНЫЙ
ПРОВЕРЕНО	ЗАЯЦ
ЮРИДИЧЕСКОГО	СИДЕНЬЕ
КРУГОВОЙ	ПРОЗРАЧНОЙ
ГАЛСТУК	ФОНТАН
ВНИМАТЕЛЬНОЕ	СОРОКОНОЖКА
ВОЕННЫХ	ТРУДНО

Puzzle 90

```
Р Я И К К У М М У Р А В Е Й Ш
Е А Ь О Е А Д Л П К Я Т О Е Е
З Е Т М М С М У Н Л Л А Н Е Л
Е Р Е П Е И Е Е Р Ю Й И Н Т К
Р О П А И С Т В Н Ч Ы И Е П О
В Ф У К У Е Т А М Ь В О В Р В
Н Ю У Т У Н Г И Т С О Д Т А И
О Й О Н Ь Л О Б Н Р Р А С В С
Г А Р О Т И Н О М А О С Е И Т
О Д Т Е А Л Е Д А Т Д А Т Л Ы
П О С В Я Щ А Т Ь Л З Л С Ь М
О Х О Л О Д И Л Ь Н И К Е Н М
Т Ы И М И Т И Р О В А Т Ь Ы Е
С В И З М Е Р Е Н И Я Е А Й И
```

БОЛЬНОЙ	ЕСТЕСТВЕННОЕ
ШЕЛКОВИСТЫМ	ХОЛОДИЛЬНИК
МУРАВЕЙ	ПЕТЬ
ПОСВЯЩАТЬ	ВЫХОД
МОНИТОРА	ДЕЛАЕТ
ИМИТИРОВАТЬ	ДОСТИГНУТУЮ
КЛЮЧ	ПРАВИЛЬНЫЙ
ИЗМЕРЕНИЯ	КОМПАКТНОЕ
ЗДОРОВЫЙ	СЕМЬЯ
КАМЕНЬ	РЕЗЕРВНОГО

Puzzle 91

```
О У В О А Т О К Е М Н С С Р Р
Н Е Е Е П И Л О Т У Ь О Л Е Т
Ц У О И З О Е Ш Е М М Л Г Л С
С Н Л Н И Д Р Т Л И Е Е Е И П
Т С Т Е И А Е И М Я С Н О Е А
И Н У Л П Р О И С Х О Д И Т Т
Ч Ф С В Й И Щ Ю Я Л В А Р Т О
У К Б О Р О К У Ч У А К П И А
И И С Н О Д Н О Р А З О В Ы Й
О В Б Б М Е С Т О О М Р О О М
У С С О С А Р Е А Е Ы Г Н А О
Я И Н Е Л В А Р П У Л И Н М Н
П Р Е З И Д Е Н Т У О Е М Т В
С И М Р И Н Т И Р А Р И О Е Н
```

ПИЛОТ	УЧИТ
КОРОБКУ	ПРОИСХОДИТ
ОДНОРАЗОВЫЙ	ШОК
ОТРАВЛЯЮЩИЙ	МЕСТО
ОБНОВЛЕНИЕ	НОГИ
ВСЕ	ВЕЗДЕ
МЫЛО	ВОСЕМЬ
ЛЕТ	МУМИЯ
ИГРОК	КАУЧУК
УПРАВЛЕНИЯ	ПРЕЗИДЕНТ

Puzzle 92

```
Е Р С Ъ Е Д О Б Н Ы Й С Е Р О
Т А А О Е У М Н О Ж Е Н И Я Д
П Р О Д А В Е Ц О У Т А У Р И
З П Е И Н Е Д Е В О П О М У Н
А Р Е Т О К Б Ь Т Ы Р К С А Р
Н Е Р Ч М О О С С И Е П Т Е Ц
Я Р П О П Н Л Я Н В О Р У В П
Т В М П Р Д Ь Я А Т Е З А Г П
Ь А С О Р О Н П Р О Ц Е Н Т Ы
Л Т П А В Р И У Т Т Е Т И П Т
О Ь О Е Л А Ц Н С М У Е М Ц В
Г С Е О Ч А Ы О О И Л М Е И Н
У И У У Е Ь Т Б Р И У У А Н Д
В А Р Е Ж К И И П К О Р И Ц У
```

ПРОСТРАНСТВО	УГОЛЬ
БОЛЬНИЦЫ	УРОВНЯ
ВАРЕЖКИ	САЛАТ
ПОЧТИ	КОНДОРА
ЗАНЯТЬ	ПРОЦЕНТЫ
КОРИЦУ	УМНОЖЕНИЯ
ПРЕРВАТЬ	ГАЗЕТА
РАСКРЫТЬ	ПРОДАВЕЦ
СЪЕДОБНЫЙ	ОДИН
ПЕЧЬ	ПОВЕДЕНИЕ

Puzzle 93

```
У Г Р У Ш И У Л И П П С С С П
Н П Ф И Т М Д Е Ю С О Е У Т Р
С В Е Т Л Я Ч О К Б Е И Д Р Е
С Т О П И Т И В А Н И Ц Ь П Ж
М Н Х Ы Т О Л О М К Я М Я О Н
О А И У С Х Т Л Л О А Т Ы Е Я
Т С В Р Е М Я С Е М Н К С Й Я
Ы О М О Н Е А Т Т Л Н Н И Е В
Г Р А С С Т О Я Н И Е П А П А
И П С Х Р О Л Е Д И М Т У Р Л
С О А Р У Й Ы В О Т Е Л О И Ф
Е В М И Т С Н Л Р О Р О Я М Е
И У Ы П Е Н А Л Л Р Е С П О М
Е У Й Ц Л Д М З А Т П Е О А М
```

СУДЬЯ	СЛОВО
МОЛОТЫХ	ПРЕЖНЯЯ
КАКАО	САМЫЙ
ВОПРОСА	СТОП
ХОТЯ	ЛЕДИ
ЛЮБИМЫЙ	ПЕРЕМЕННАЯ
ФИОЛЕТОВЫЙ	ВРЕМЯ
ПАПА	РАССТОЯНИЕ
МОТЫГИ	СВЕТЛЯЧОК
ЗАСУХА	ГРУШИ

Puzzle 94

```
П Ш К О Р И Д О Р Р Т Й Е И А
Е У Е Р О Я С Т Е А В Ы З А Н
Р М М С Е Е П Н Л С Д Л Е К Е
Е А Е Н Т Е И Е О С О Е А Ш Р
В С И Н Ы Ы Е М Т Л С Р С А Е
А И С Т Ь Й М Е П А Т З О Ч М
Р С Ш К Т Ш Е Л Т Б И М П Г А
И М А Е И Ч И Э И И Ч И Л О Н
В У Р К Л У Л Н С Т Ь Т А В А
А Х И С О В Р С С Ь А Е В О Б
Т И К Ц С С У П Б Т Т А Р Т
Ь Е П Р А Т С П Р И В И Т И П
Р Т Ф У Н В И А П А Т О Ь Л Я
Р С Й О В О С С А М Т С А Л П
```

ЧУВСТВО	ЧАШКА
ПЛАСТМАССОВОЙ	ШАРИК
ДОСТИЧЬ	ШЕСТЫМ
РАССЛАБИТЬ	УМНЫЙ
НАМЕРЕНА	НАСОЛИТЬ
МЕНЬШИНСТВО	ЗРЕЛЫЙ
ГОВОРИЛ	КОРИДОР
КЕКС	НАЗЫВАЕТСЯ
ПЕРЕВАРИВАТЬ	ЭЛЕМЕНТ
МУХИ	ПЛАВАТЬ

Puzzle 95

```
Д И А П А З О Н Ю С А К Н Б И
Ф И В М Д О Е С У Л К О Е Е С
С А О Р П С У Р Д Й Й Р О С Т
У П Н А Й Д Е Н Н Ы Е О Б П Е
М Г О П Л А С М Е Н Р Л Х О О
Т А З Р О Е И Р М Д А Е О К М
В З И М И Е У И О О Н В Д О И
Л О Б Т У Т З С К Л А С И И С
И Н У М Т Ь Ь Д Е О К К М Т И
Я Б О И Т С Я Г Р Г Р А Ы Ь В
Н С Н О В А П Р С Н И Я Е Ц А
И О Р М У Ь Т И З О Р О М А З
Е И Л И С А Н Б И П С Т И Р Е
О Т К Р Ы Т А Я У А Ф У Р О Н
```

НЕЗАВИСИМОЕ	ЗАМОРОЗИТЬ
СПОРИТЬ	ГОЛОДНЫЙ
НАСИЛИЕ	ОТКРЫТАЯ
ДИАПАЗОН	БОИТСЯ
КАНАРЕЙКА	СНОВА
ГРИБ	РЕКОМЕНДУЮ
КОРОЛЕВСКАЯ	ВЛИЯНИЕ
НЕОБХОДИМЫ	НАЙДЕННЫЕ
БИЗОНОВ	БЕСПОКОИТЬ
ГАЗОН	ПОЕЗД

Puzzle 96

```
П  С  У  Б  Б  О  Т  Ы  И  У  О  Т  Т  Б
С  Е  У  А  А  А  И  Е  У  Р  Е  Е  Я  Т  Ы
Е  И  Щ  Т  З  И  К  И  У  Е  О  М  С  Т  Т
Е  Т  Р  Е  О  С  Е  Р  Ь  Е  З  Н  О  Е  Ь
О  Ы  В  Л  Р  Л  У  Т  Р  Е  И  И  И  И  В
И  Б  О  О  О  Н  Г  О  Д  О  В  Щ  И  Н  У
И  О  С  Т  М  Н  У  Б  Е  Й  С  Б  О  Л  Р
М  С  И  Р  Т  С  О  Ю  Л  Д  П  И  Г  О  У
Т  Ы  Т  Е  И  Р  Н  П  Ь  Т  Я  Н  О  П  Б
У  О  С  В  У  Н  Э  К  З  А  М  Е  Н  У  А
Е  Е  О  Л  А  Г  У  П  И  К  У  О  С  Л  Ш
У  И  И  Р  Ь  И  Д  М  О  Л  М  Г  А  Е  К
У  У  И  Е  Т  Ю  Л  А  Н  Е  А  Р  Р  А  А
Н  С  П  Я  И  Л  Я  О  Т  Б  Р  М  К  М  О
```

ГОДОВЩИНУ	ПОЛ
ПОНЯТЬ	КРАСНОГО
СОБЫТИЕ	ТРИ
БЕЙСБОЛ	МОРОЗА
РУБАШКА	ВЕРТОЛЕТА
СЕРЬЕЗНОЕ	ПУГАЛО
ДЛЯ	БЕЛКА
КИТ	ЭКЗАМЕН
БЫТЬ	ПЕЩЕРНУЮ
СУББОТЫ	МЫСЛЬЮ

Puzzle 97

```
С О Е Д И Н Е Н И Я Г Н Р Л П
О Н А С В Я И Ф И Ф О Е А И Р
П Л Е О С Н С Е И О С Т З Х О
И А С Я М О У О Е У П Е О О С
Е Ч Р Е Р Г Ф Т И Н О Р Ч Р Н
С И У Т Е О Т Е Р И Д П А А У
Р Р С Ю И П Е О Г И С Е Р Д Л
Е К С У Е И И Е Д Н Т Л О К С
Н А Р К О Т И К А И В И В А Я
Х Т А Д А С И П Т К О В А В И
Е Е А А М М Р С И Т У О Н П Г
И М П Л Е И Е У П О У Й В Н У
Я Ь Т С О Н Ч О Т И У Н О Е С
Л А А Е У П О Л О Т Е Н Ц Е Ь
```

СЛАДКУЮ	УСПЕХ
ПРОСНУЛСЯ	СОЕДИНЕНИЯ
ГУСЬ	ВНУТРИ
ПАРТИИ	НЕТЕРПЕЛИВОЙ
ГОСПОДСТВО	НИКТО
ОНА	ПОГОНЯ
МЯСА	ПОЛОТЕНЦЕ
САД	НАРКОТИКА
ЛИХОРАДКА	ТОЧНОСТЬ
КРИЧАЛ	РАЗОЧАРОВАН

Puzzle 98

```
С Р П С Р С О И Т П Л М С И О
Р А Б Д Р Т Ы Б Ь Д О Х И Н Т
А Д П О З Ж Е У Н Р М Е Р О П
В О У Г Р О М К О А Е У Е Ж Р
Н С Г Ч М Т А Е Т Л Р У Н Р А
И Т М О Р Ц О Я А И Т У И Ь В
Т Н О Ц Р Е И З Н О С Е Ж Т К
Ь О Ж Т Т Ш Ж В Е В Т Е С И И
Е И Е С М У О Д Ф А К Т А Ч Л
А Е Т Л Т Д З К Е Т С Т Т Н Р
С Т О Й К А А А О О Н Р А Е О Л
Д А С Л Е С М О О Н И А В К И
А Е Е И О Е О Ь Т А Ж Е Л А Ц
Н Б О И Т Е К Б О Л Ь Т М З И
```

СТОЙКА	МОЖЕТ
ЗАКОНЧИТЬ	ФАКТА
ИЗНОС	ХОДЬБЫ
БОЛЬ	СРАВНИТЬ
СИРЕНИ	ЛЕЖАТЬ
ДУШ	ПОЗЖЕ
УЧРЕЖДЕНИЕ	ГОРШОК
НОЖ	ЗАМОК
ОТПРАВКИ	ГРОМКО
ОБНАРУЖИЛ	РАДОСТНО

Puzzle 99

```
П О Т Р Е Б Н О С Т И М Е С С
О П О Р О Ж Н И Т Ь Н И С Г К
С О И Й Ы Н Ь Л А И Ц И Ф О О
С Т Й Ы Н С А Р К Е Р П С Л М
Ж Д А Т Ь Н Х Е И О Т Т И А Б
В А С Р В Е А М И Е С М Т Н И
Н С С И О Л П Ы М И Е И И С Н
Р А П У В Е Е В Т Р Т Л П И И
А Й У Л Ь Р И Б М И У Т С Р
К И Н К Ы П Е А М Б И Ц И И О
Е К П И А В Ч С Т А Р Ш И Й В
Т З Я А К С Е Ч И Т И Л О П А
А Е А Т Я С Ь Т А Г Р О Т В Т
К Р Ы Ж О В Н И К Е И Д А А Ь
```

РЕЗКИЙ	ЖДАТЬ
ВСПЛЫВЕТ	НАЛОГ
СПИСОК	КРЫЖОВНИК
ОПОРОЖНИТЬ	СТАРШИЙ
РАКЕТА	ПОТРЕБНОСТИ
ЧЕРЕПАХА	ПОЛИТИЧЕСКАЯ
ОФИЦИАЛЬНЫЙ	ВТОРГАТЬСЯ
НАУКА	АМБИЦИИ
СКОМБИНИРОВАТЬ	ПРЕКРАСНЫЙ
ВЫМЕРЛИ	ИМБИРЬ

Puzzle 100

```
С У И Е Д У П У С Ц М А М И С
Ю У В Е Д Ж О Д З Д И Н Е С В
А Е Н М Н У С М Е Н С С М С Е
Т И Г Р О М Т А Н Й А У Е Л Ж
Л У У Н Ь И О К Е О Н Т О Е И
Г П О С Л Е Я Т Р Н П Л Ь Д Й
И Н Р О А А Н А П Ь Л Ю Т О Б
Т А И А Т Е Н Р Ж Л С Р Ф В Е
А В Е Л Ч П О Г Р А Ф И К А Г
Л И О У О Н Н Б У Р Д А О Н Е
М Д И И П Е С Р Р Т Л О Р И М
Э К С П О Р Т А У Н Н Т Р Е О
С Л У Ч А Й Н Ы Й Е Т Е Р П Т
О Т К Л О Н Я Т Ь Ц И Л О Р А
```

ЭКСПОРТА	ПОСТОЯННО
ГРАФИК	СВЕЖИЙ
ДОЖДЕВУЮ	ТЮЛЬПАНА
УЗНАТЬ	ПОСЛЕ
ОТКЛОНЯТЬ	ЦЕНТРАЛЬНОЙ
ДИВАН	ТИГР
АКТ	ПРОДАЖ
СЛУЧАЙНЫЙ	ПОЧТАЛЬОН
МУЖУ	ИССЛЕДОВАНИЕ
БЕГЕМОТА	ГНИЛОЕ

Puzzle 1

Puzzle 2

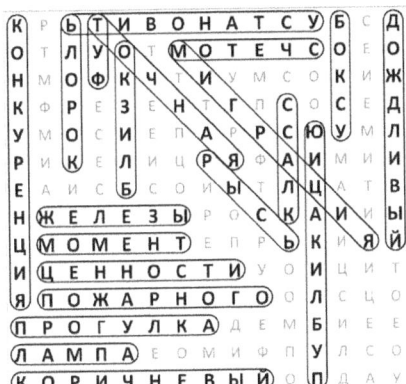

Puzzle 3

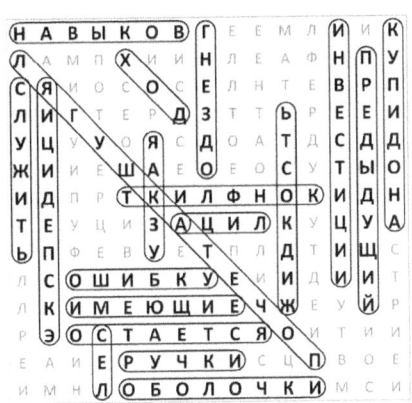

Puzzle 4

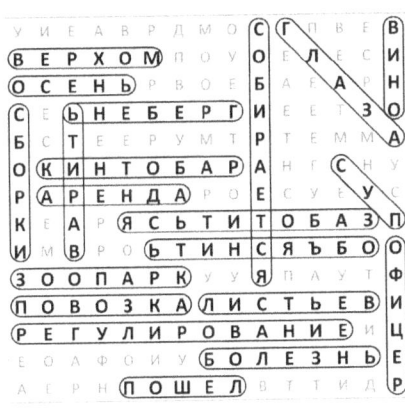

Puzzle 5

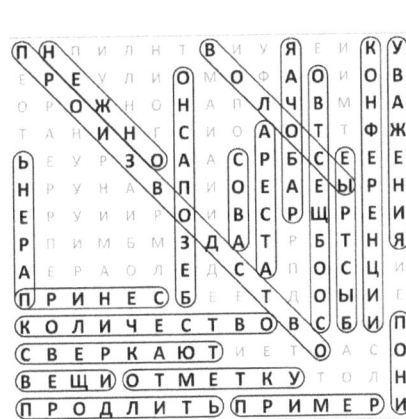

Puzzle 6

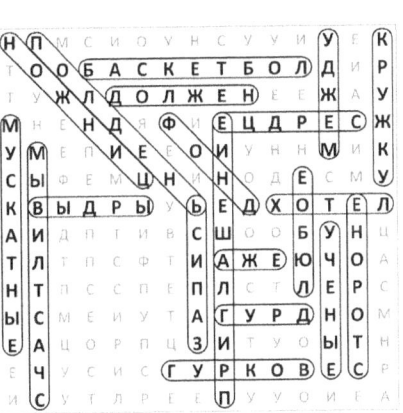

Puzzle 7

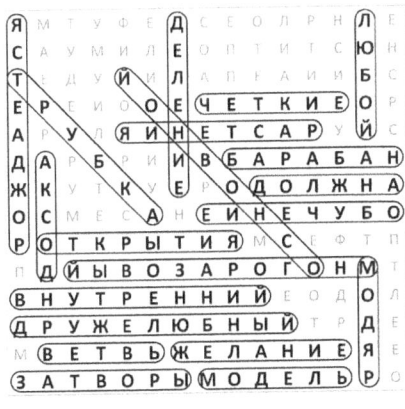

Puzzle 8

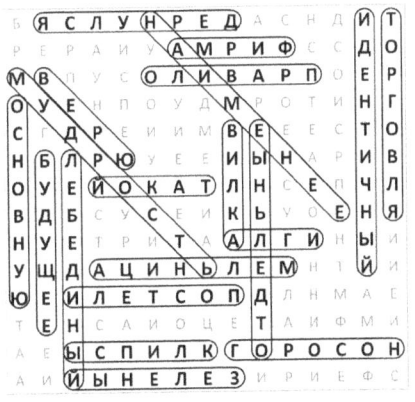

Puzzle 9

Puzzle 10

Puzzle 11

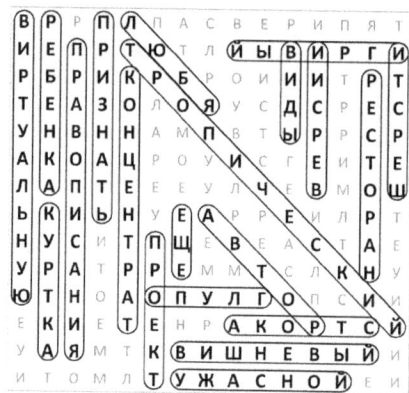

Puzzle 12

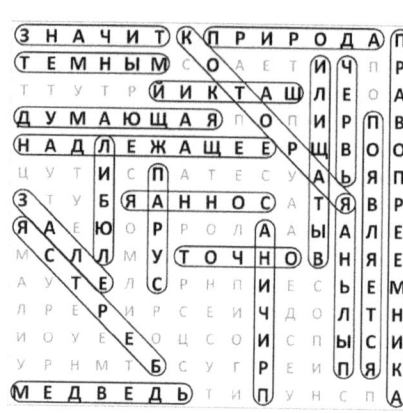

Puzzle 13

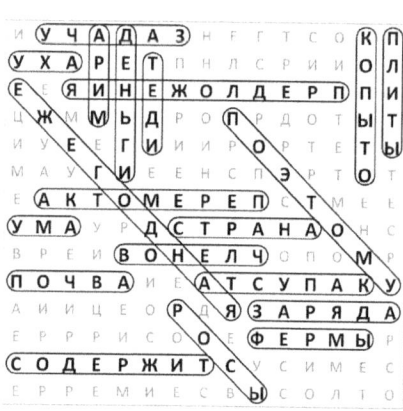

Puzzle 14

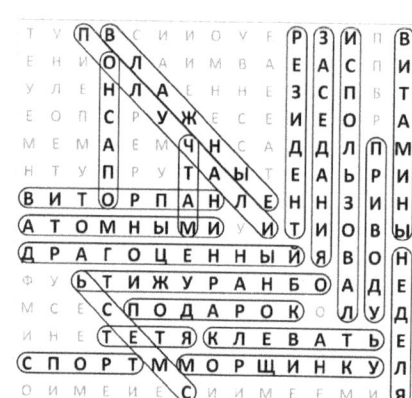

Puzzle 15

Puzzle 16

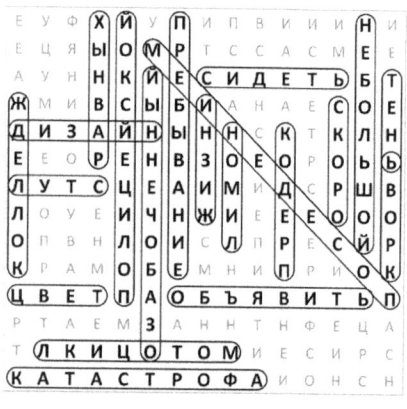

Puzzle 17

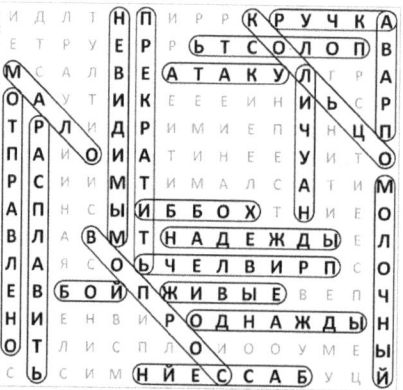

Puzzle 18

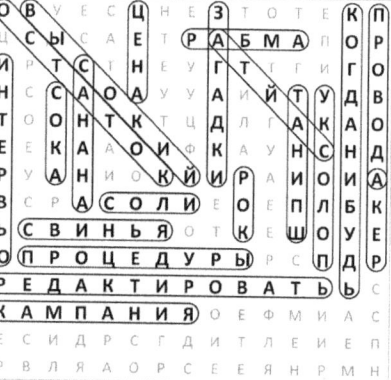

Puzzle 19

Puzzle 20

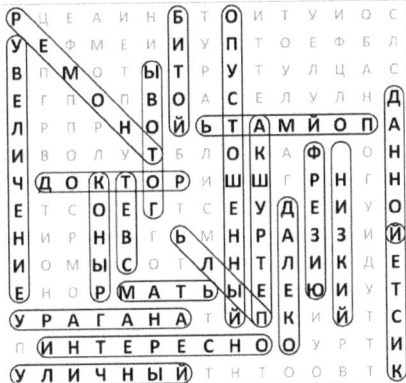

Puzzle 21

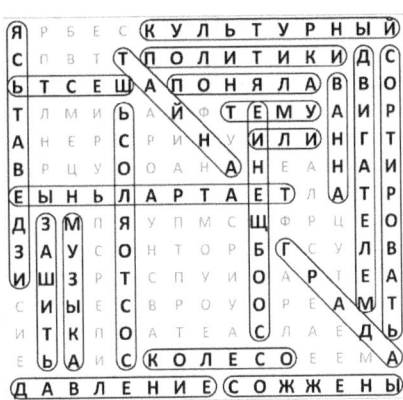

Puzzle 22

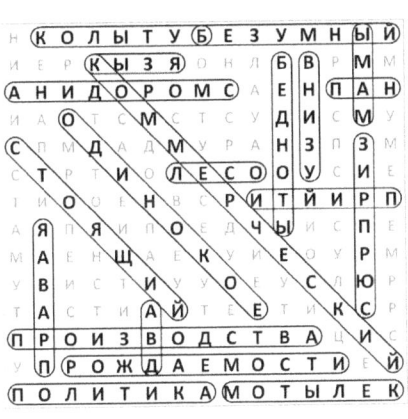

Puzzle 23

Puzzle 24

Puzzle 25

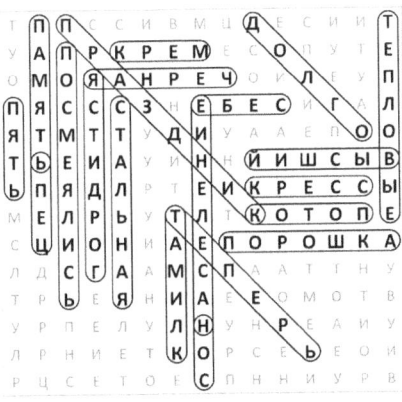

Puzzle 26

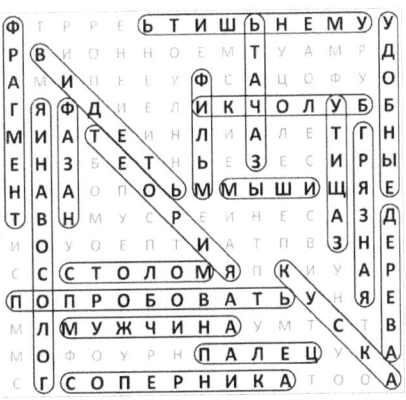

Puzzle 27

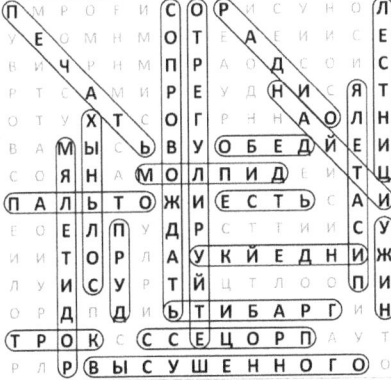

Puzzle 28

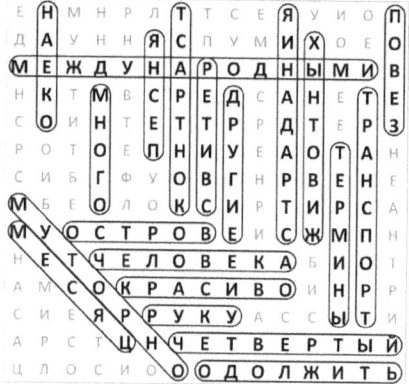

Puzzle 29

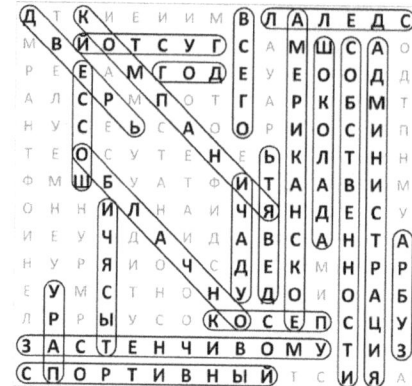

Puzzle 30

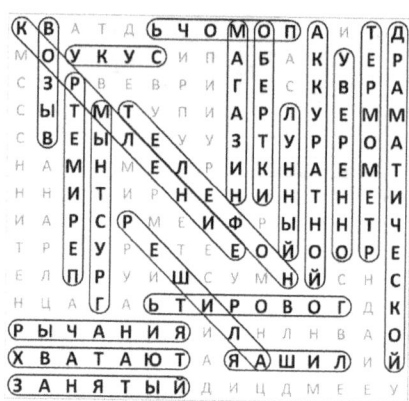

Puzzle 31

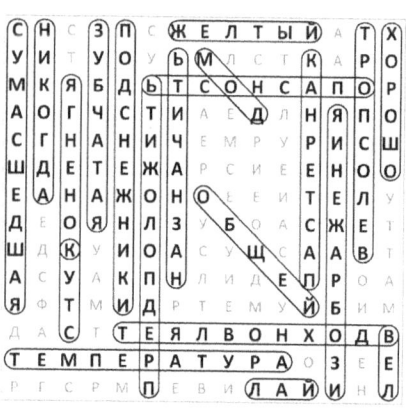

Puzzle 32

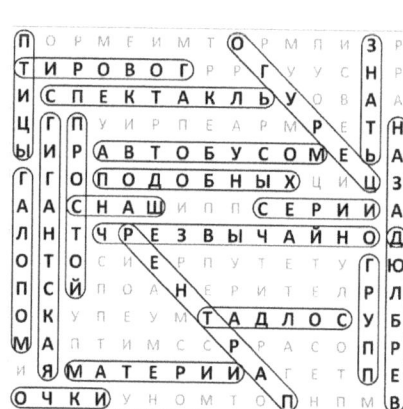

Puzzle 33

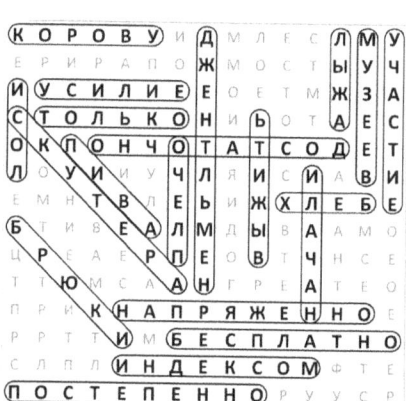

Puzzle 34

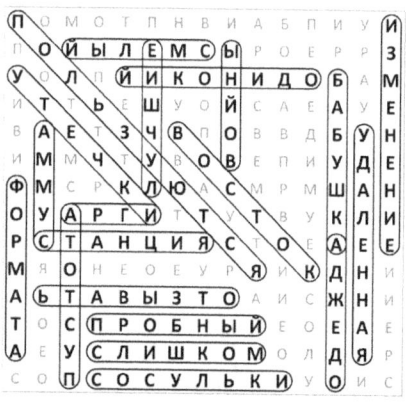

Puzzle 35

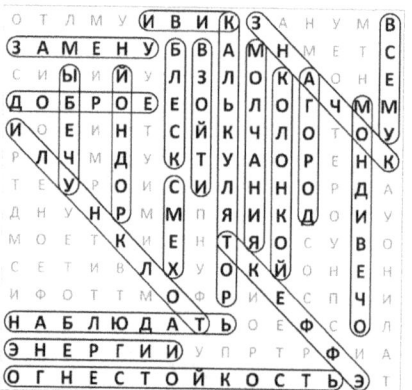

Puzzle 36

Puzzle 37

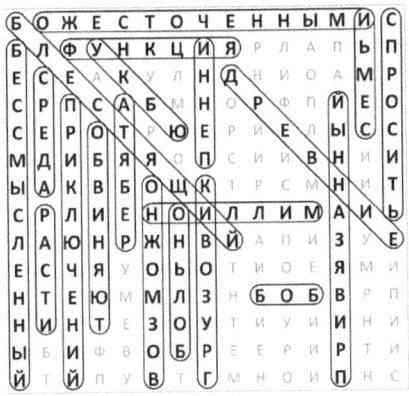

Puzzle 38

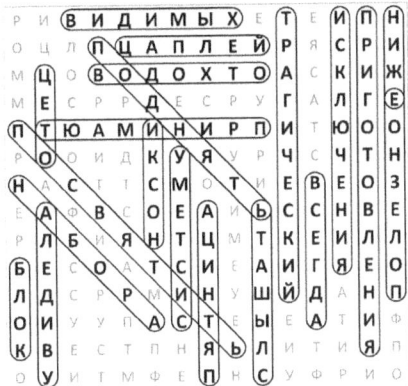

Puzzle 39

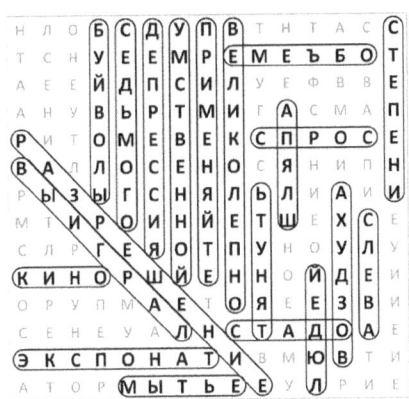

Puzzle 40

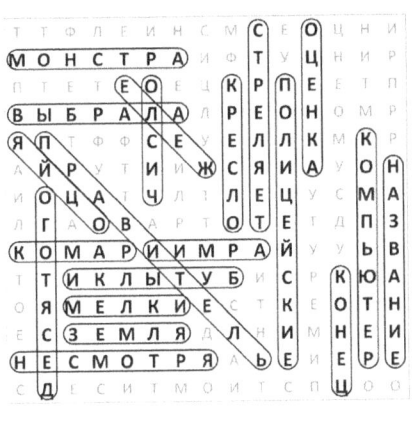

Puzzle 41

Puzzle 42

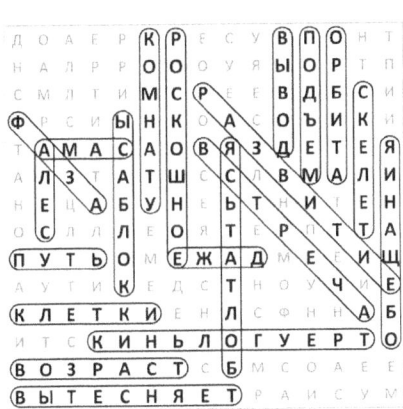

Puzzle 43

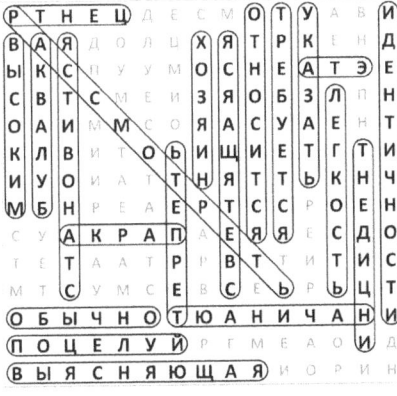

Puzzle 44

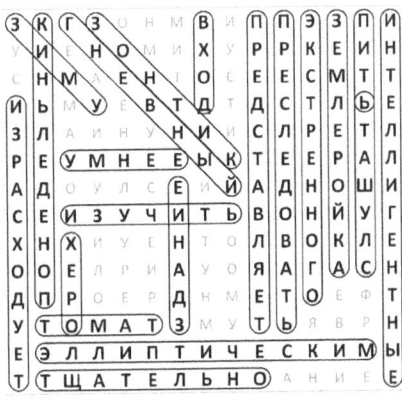

Puzzle 45

Puzzle 46

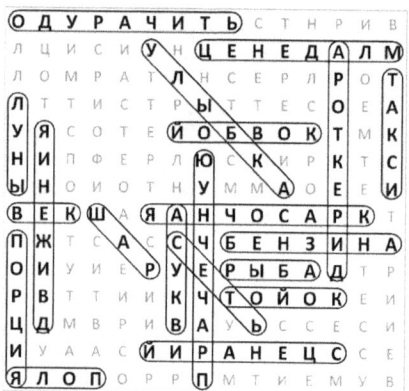

Puzzle 47

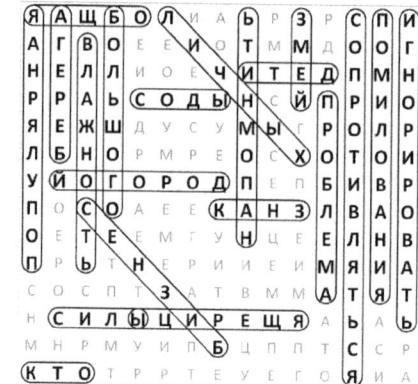

Puzzle 48

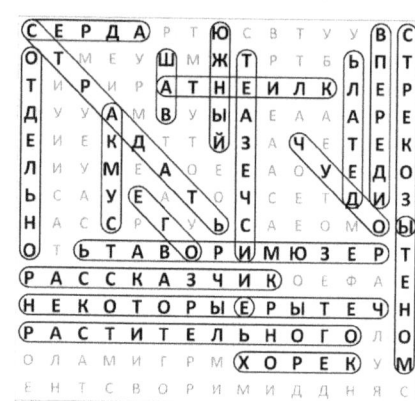

Puzzle 49

Puzzle 50

Puzzle 51

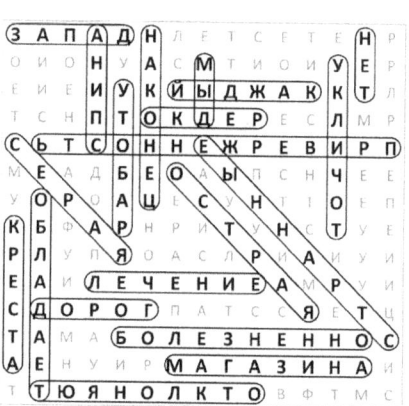

Puzzle 52

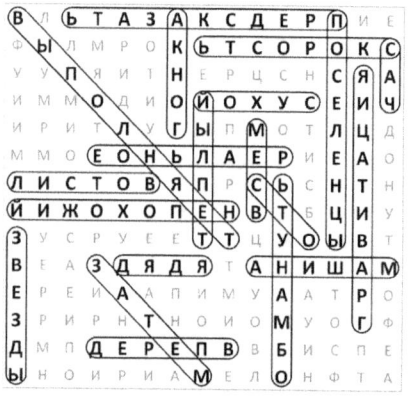

Puzzle 53

Puzzle 54

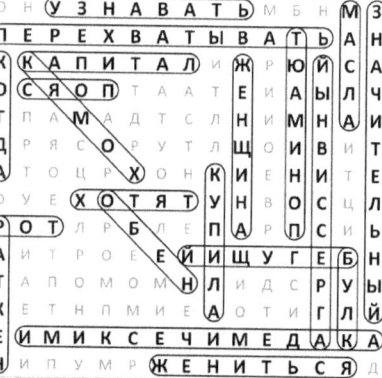

Puzzle 55

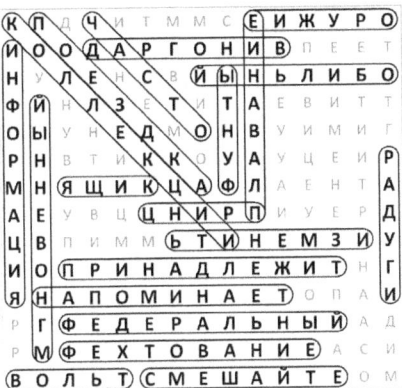

Puzzle 56

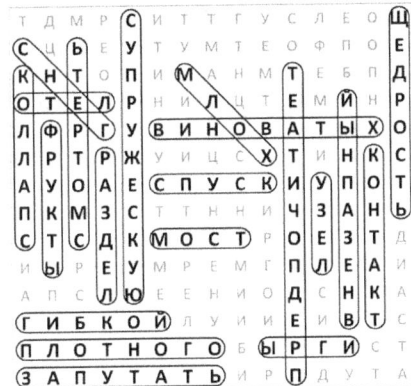

Puzzle 57

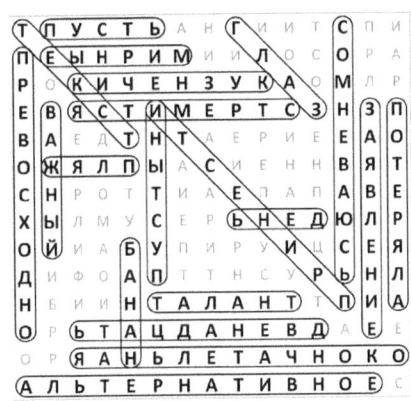

Puzzle 58

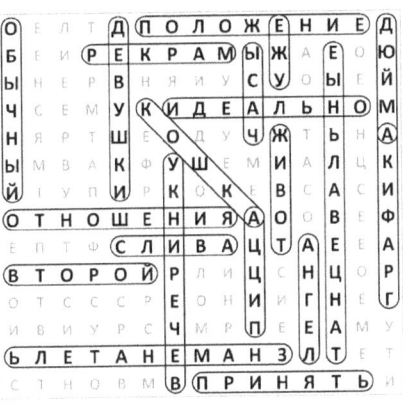

Puzzle 59

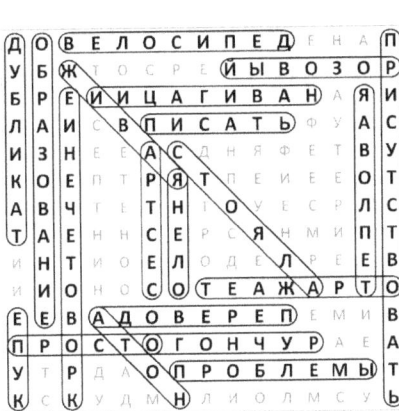

Puzzle 60

Puzzle 61

Puzzle 62

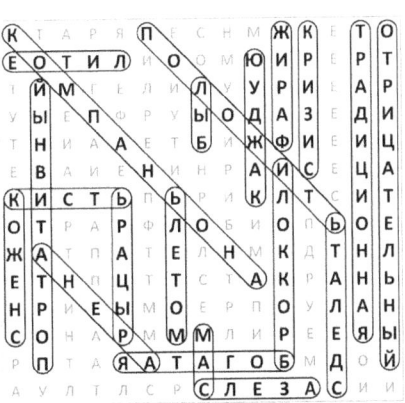

Puzzle 63

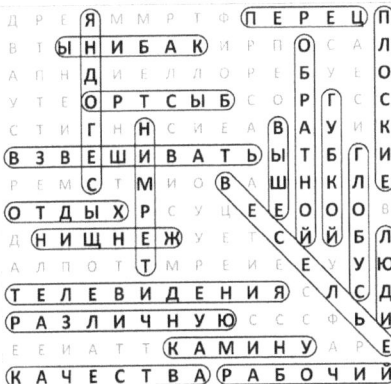

Puzzle 64

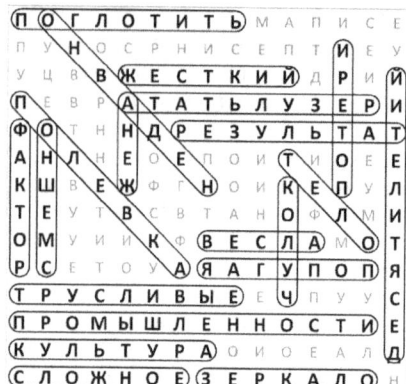

Puzzle 65

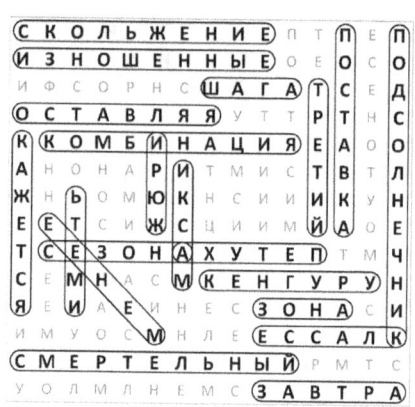

Puzzle 66

Puzzle 67

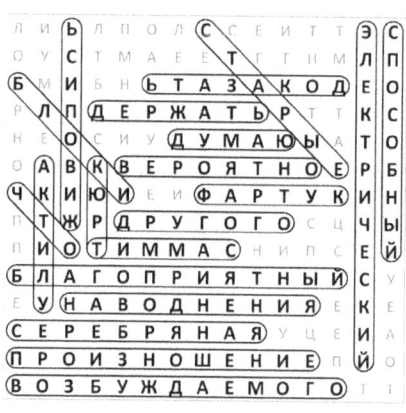

Puzzle 68

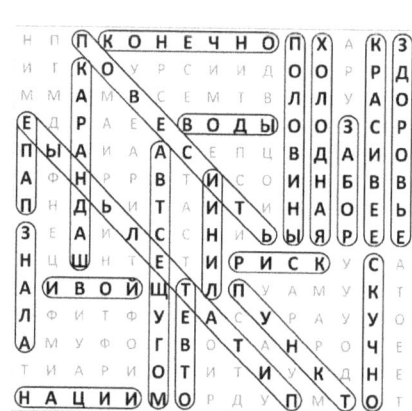

Puzzle 69

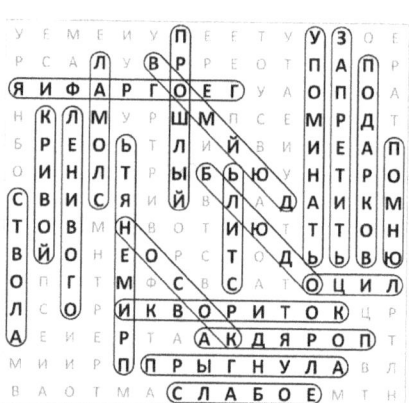

Puzzle 70

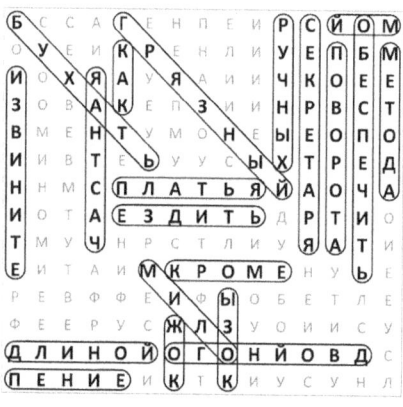

Puzzle 71

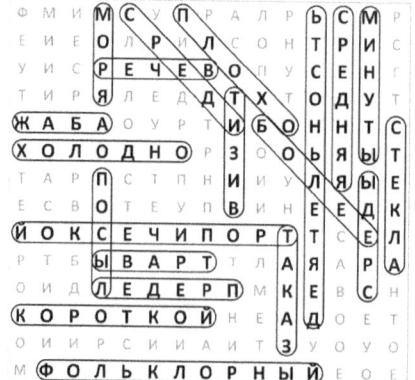

Puzzle 72

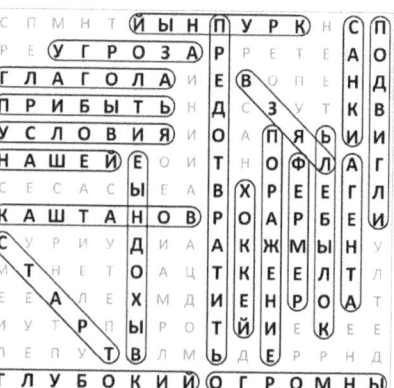

Puzzle 73

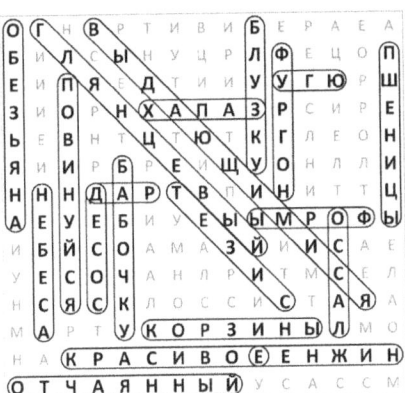

Puzzle 74

Puzzle 75

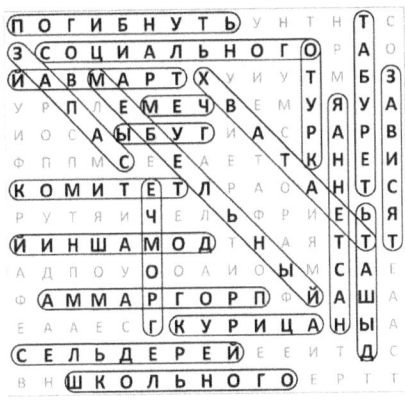

Puzzle 76

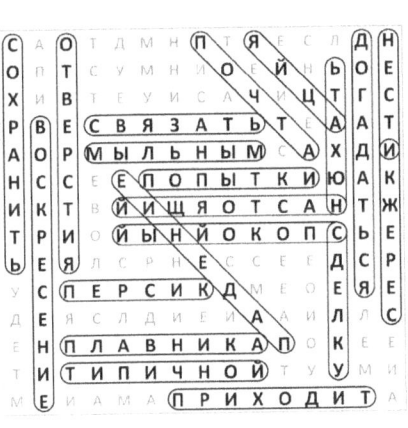

Puzzle 77

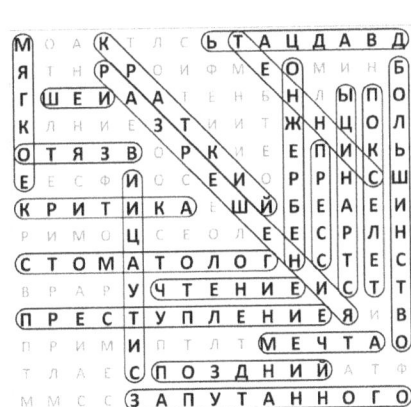

Puzzle 78

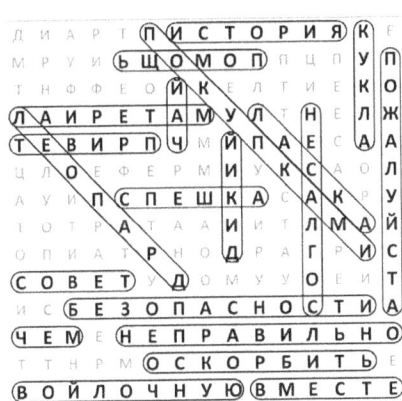

Puzzle 79

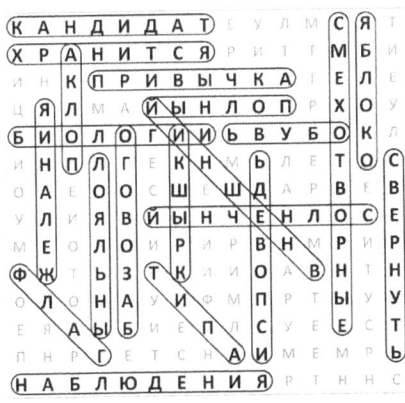

Puzzle 80

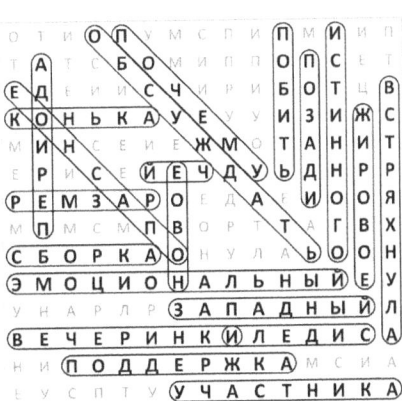

Puzzle 81

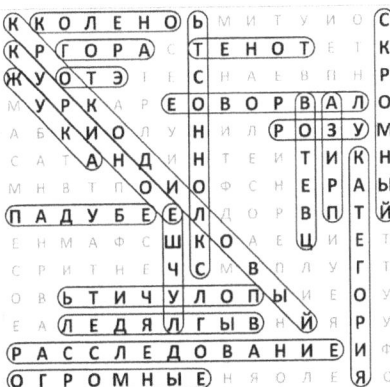

Puzzle 82

Puzzle 83

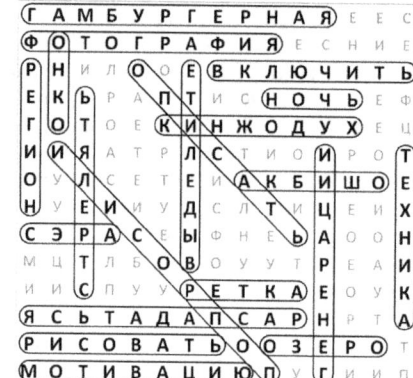

Puzzle 84

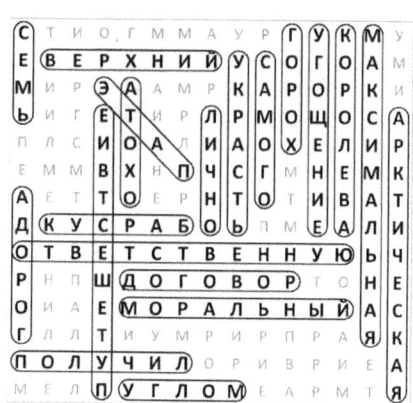

Puzzle 85

Puzzle 86

Puzzle 87

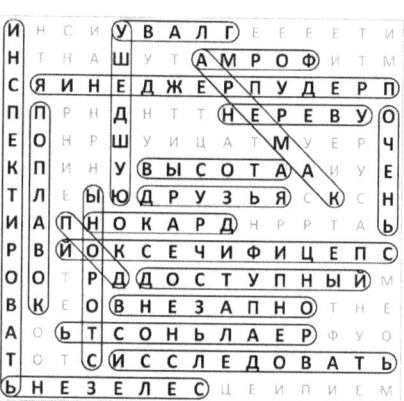

Puzzle 88

Puzzle 89

Puzzle 90

Puzzle 91

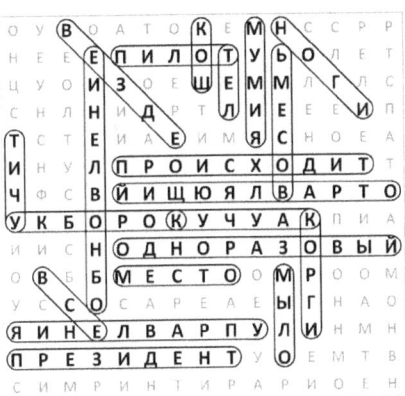

Puzzle 92

Puzzle 93

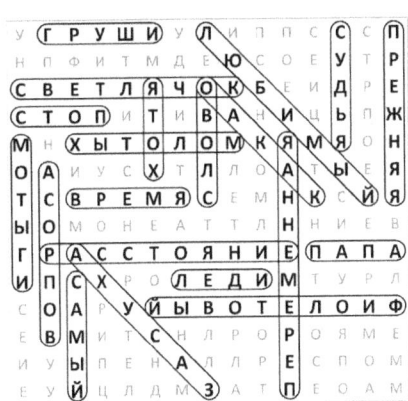

Puzzle 94

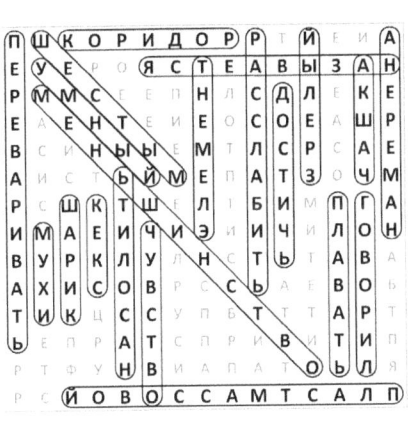

Puzzle 95

Puzzle 96

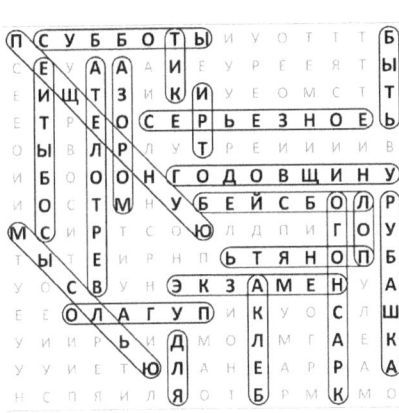

Puzzle 97

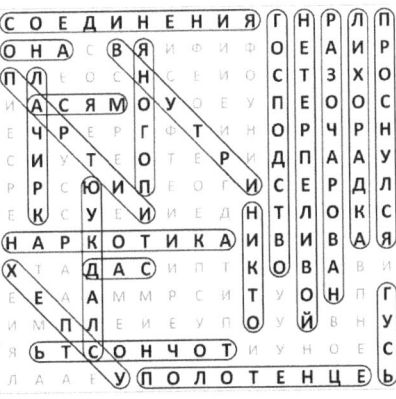

Puzzle 98

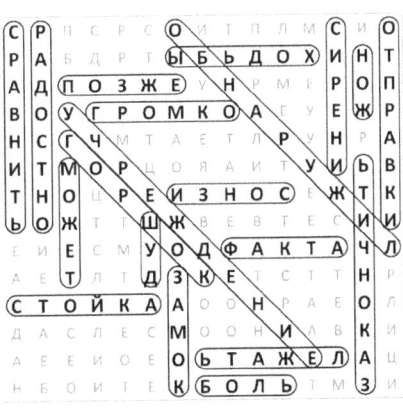

Puzzle 99

Puzzle 100

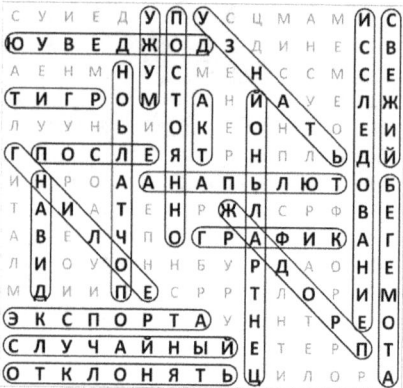

Congratulations

You made it!

We hope you enjoyed this book as much as we enjoyed making it. We do our best to make high quality games.

These puzzles are designed in a clever way to actively spark the brain and make it sharp and quick!
Did you love them?

A Simple Request

Our books exist thanks to the reviews you post on Amazon. Could you help us by leaving a review now?

Here is a short link which will take you to your Amazon orders review page.

BestBooksActivity.com/Review50

MONSTER CHALLENGE!

Challenge #1

Ready for Your Bonus Game? We use them all the time but they are not so easy to find. Here are **Synonyms**!

Note 5 words you discovered in each of the Puzzles noted below (#21, #36, #76) and try to find 2 synonyms for each word.

Note 5 Words from **Puzzle 21**

Words	Synonym 1	Synonym 2

Note 5 Words from **Puzzle 36**

Words	Synonym 1	Synonym 2

Note 5 Words from **Puzzle 76**

Words	Synonym 1	Synonym 2

Challenge #2

Now that you are warmed-up, note 5 words you discovered in each Puzzle noted below (#9, #17, #25) and try to find 2 antonyms for each word. How many lines can you do in 20 minutes?

Note 5 Words from **Puzzle 9**

Words	Antonym 1	Antonym 2

Note 5 Words from **Puzzle 17**

Words	Antonym 1	Antonym 2

Note 5 Words from **Puzzle 25**

Words	Antonym 1	Antonym 2

Challenge #3

Wonderful, this monster challenge is nothing to you!

Ready for the last one? Choose your 10 favorite words discovered in any of the Puzzles and note them below.

1.	6.
2.	7.
3.	8.
4.	9.
5.	10.

Now, using these words and within a maximum of six sentences, your challenge is to compose a text about a person, animal or place that you love!

Tip: You can use the last blank page of this book as a draft!

Your Writing:

Explore a Unique Store
Set Up FOR YOU!

MEGA DEALS

BestActivityBooks.com/**TheStore**

Designed for **Entertainment**!

Light Up Your Brain With Unique **Gift Ideas**.

Access **Surprising** And **Essential Supplies**!

CHECK OUT OUR MONTHLY SELECTION NOW!

- Expertly Crafted Products -

NOTEBOOK:

SEE YOU SOON!

Delta Classics Team

BESTACTIVITYBOOKS.COM/FREEGAMES